Johann Peter Uz

Briefe an einen Freund

Aus den Jahren 1753-82

Johann Peter Uz

Briefe an einen Freund
Aus den Jahren 1753-82

ISBN/EAN: 9783743609082

Hergestellt in Europa, USA, Kanada, Australien, Japan

Cover: Foto ©ninafisch / pixelio.de

Weitere Bücher finden Sie auf **www.hansebooks.com**

Briefe

von

ohann Pe

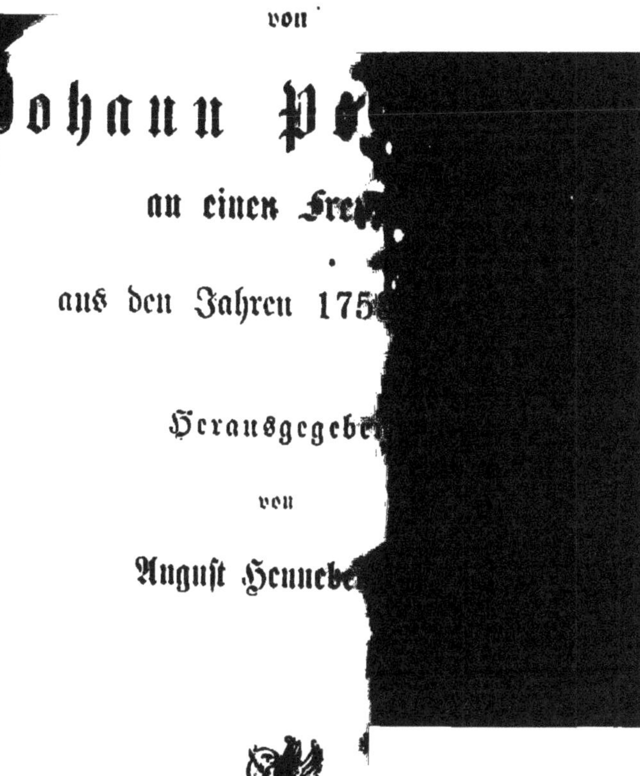

an einen Fre

aus den Jahren 175

Herausgegeben

von

August Henneb

Leipzig:

F. A. Brockhaus.

1866.

Vorwort.

Die nachfolgenden Briefe von Uz, an den Hofadvocaten Grötzner in Römhild während der Jahre 1753—82 geschrieben, sind mir auf meine Bitte von des Letztern Enkel zur Herausgabe überlassen worden. Ich habe mit der Veröffentlichung derselben einen nicht uninteressanten Beitrag zur Literaturgeschichte jener Zeit um so mehr zu liefern geglaubt, als zwar die spätere Goethe-Schiller'sche Periode durch zahlreiche Briefwechsel und Gedenkschriften illustrirt ist, die Anfänge der classischen Literaturperiode dagegen verhältnißmäßig arm an derartigen gleichzeitigen Quellen sind. Nun ist allerdings Uz' eigene Poesie heutzutage so ziemlich vergessen; aber er hat einst, ein Koryphäe einer Hauptrichtung der Dichtung seiner Zeit, mitten in der literarischen Bewegung gestanden, und die in den vorliegenden Briefen höchst zahlreichen Urtheile, Lob wie Tadel, über die eben erscheinenden Werke sind als das Zeugniß eines Augenzeugen der damaligen Entwickelung von reichem Interesse, wie mir scheint. Denn wir Nachlebenden, die wir auf jene Entwickelungsperiode unserer

Literatur als auf eine völlig abgeschlossene zurückblicken und Autoren und Erzeugnisse derselben ein für allemal nach bestimmter Rangliste nebeneinander gereiht haben, sehen mit Theilnahme, wie in diesen Briefen das für uns Feste und Abgeschlossene noch in vollem Flusse ist, wie der Streit zwischen den Schweizern und Gottsched die Einzelnen berührt, wie Wieland's Angriff das Gemüth unseres Uz tief verwundet, wie sich die Anakreontik ausnimmt im Verkehr des täglichen Lebens, wie so ganz unbestimmt noch die Rangordnung der gleichzeitig Lebenden ist, daß Uz kein Bedenken trägt, Lessing, den wir als gefeiten Classiker über alle Mitstrebende ohne Streit hinausragend denken, ganz unbefangen und im guten Glauben mit seinem Freunde Grötzner zusammenzustellen. Dazu kommt noch mancher culturgeschichtlich ansprechende Zug, wohl geeignet, dem Bilde, welches wir uns von jener Zeit gemacht, etwas mehr Licht oder Schatten hinzuzufügen.

Vieles rein Persönliche habe ich gestrichen, manches stehen lassen, um die Farbe der Zeit nicht zu verwischen; die alte Orthographie habe ich theilweise beibehalten. Einleitung und Anmerkungen werden, wie ich hoffe, für den gebildeten Leser aus Nichtfachkreisen erwünschte Erläuterungen bieten.

Meiningen, im December 1865.

August Henneberger.

Einleitung.

In der Theilung vom Jahre 1680 hatte der vierte Sohn Ernst's des Frommen Römhild bekommen. Da er 1710 ohne Nachkommen starb, so wurde sein Land zu einem Erbschaftszankapfel zwischen Sachsen-Gotha, Sachsen-Meiningen und Sachsen-Saalfeld. Durch Vereinbarung war es endlich dahin gekommen, daß provisorisch von dem Amte Römhild Meiningen zwei, Saalfeld ein Drittel erhielt; aber die Reibungen dauerten fort und brachen im Jahre 1749 zu neuen Flammen durch die Eigenmächtigkeit aus, mit welcher Herzog Anton Ulrich von Meiningen Stellen, die vertragsmäßig gemeinschaftlich zu besetzen waren, einseitig übertrug. Von einem Reichshofrathsconclusum, welches gegen ihn ausgefallen war, appellirte Anton Ulrich an den Reichstag und ein langwieriger Schriftwechsel begann. Es wurde von Koburg aus, welches mittlerweile durch Erbschaft an Sachsen-Saalfeld gekommen war, eine Executionscommission ausgewirkt, die dem Kurfürsten von Sachsen und dem Markgrafen von Brandenburg-Onolzbach übertragen wurde. Am 15. Mai 1752 berichtete der Amtmann Grötzner zu Römhild nach Mei-

1*

ningen, daß den Tag vorher eine kaiserliche Subdelegationscommission, aus kursächsischen und markgräflichen Beamten bestehend, angekommen sei. Am 16. Mai hielten diese kaiserlichen Commissarien in einem prachtvollen sechsspännigen Wagen ihre Auffahrt aufs römhilder Rathhaus. Der dem anspachischen Gesandten beigegebene Secretär war Johann Peter Uz.

Uz war den 3. Oct. 1720 zu Anspach geboren, besuchte das Gymnasium seiner Vaterstadt und bezog 1735 die Universität Halle, um die Rechte zu studieren. Aber schon hier bildete sich seine Neigung zur Poesie aus, schon hier knüpfte sich jenes Band mit Gleim, welches sein ganzes Leben durch dauern sollte. Uz fragte in einer Buchhandlung eifrigst nach Bodmer's „Gedanken über die Beredsamkeit": sie waren nicht mehr zu haben. Der zufällig anwesende Gleim erbot sich, Uz das Buch zu schaffen, und so ward unter den gleichgesinnten Jünglingen, denen sich noch Götz aus Worms und Rudnik aus Danzig anschlossen, der Bund geschlossen, den wir jetzt mit Hinzurechnung von Chr. Ew. von Kleist, welchen Gleim später in Potsdam für die Poesie gewann, als die hallische Dichterschule zu bezeichnen pflegen. Es war die Zeit, wo durch den Bodmer-Gottsched'schen Streit die literarische Atmosphäre gereinigt wurde. Wie die gleichzeitig in ihrer Nachbarschaft blühende sächsische Schule, welche sich um die „Bremer Beiträge" gruppirte, standen auch die Hallenser auf Seiten Bodmer's gegen

Gottsched, wie denn ihr Lehrer Baumgarten, der Erfinder des Worts Aesthetik, durch seine Schrift „De nonnullis ad poema pertinentibus“ die Geister weckte. Indessen nahmen sie keinen thätigen Antheil an der heftigen Polemik der beiden streitenden Theile. Gleim schrieb 1746 an Uz, er werde der Aufforderung Bodmer's, an der Vertheidigung der Wahrheit und des guten Geschmacks theilzunehmen, nur insofern entsprechen, als er durch seine eigenen Productionen für den Sieg des Rechten wirke. Und so ist diese Schule in der That, obgleich der Gesinnung nach auf schweizerischer Seite stehend, äußerlich neutral geblieben. Die jungen hallischen Freunde trieben auf der Universität mit Vorliebe Anakreon, den sie übersetzten und nachahmten: eine für unsern Geschmack ziemlich verwunderliche Vorliebe, die sich indessen so ausdauernd gezeigt hat, daß die spätern Productionen der Gleim, Uz, Götz dieser ganzen Richtung den Namen der anakreontischen verschafft haben. Gleim kann als das Haupt dieser Schule betrachtet werden: er schwelgte in dem Gedanken, das Jahrhundert Friedrich's durch seine Freunde zu einem Zeitalter August's verherrlicht zu sehen, und wie er Klopstock Homer, Lessing Sophokles nannte, so war in den Augen seiner enthusiastischen Freundschaft die Karschin Sappho und Uz Pindar.

Im Jahre 1743 kehrte Uz nach Anspach zurück und widmete sich nun mit Ernst der juristischen Laufbahn, ohne die Musen zu vernachlässigen, und schon 1749 erschien seine erste Sammlung lyrischer Gedichte, meist in anakreontischer Weise Liebe und Wein besingend. Im Jahre 1752 begleitete er, wie wir sahen, die anspachische Subdelegation nach Römhild, wo er zwei glückliche Jahre zubrachte. Die Gegend ist anmuthig: wie reizend hat er selbst die schöne Umgebung in seinem ersten Briefe (an Hofrath Benz) gepriesen. Aber nicht nur die Natur erfreute seinen dichterischen Sinn: er hatte das Glück an dem kleinen Orte einen Freund zu finden. Dies war der Sohn des obengenannten Amtmanns Grötzner, der Hofadvocat und spätere Rath Johann Peter Grötzner (geboren 1724, gestorben 1785). Der junge Grötzner hatte für Literatur und Poesie nicht nur Sinn und Empfänglichkeit, er war selbst Dichter. Wir sind weit entfernt, seinen poetischen Productionen nach den uns vorliegenden Proben den Werth beizulegen, welchen Uz in seinen Briefen ihnen beimißt, der an einer Stelle Grötzner ganz unbefangen mit Lessing zusammenstellt. Zur Probe mögen die Anfangsstrophen aus dem Trauergedicht auf seines Vaters Tod hier stehen, welches Uz in dem Brief vom 13. Mai 1755 rühmend erwähnt*):

Ach Gott! Er selbst erblaßt. Er, den der Allmacht Ruf
Zum besten Vater uns aus milder Hand erschuf,

---

*) Ich entnehme dieselben einem mir vorliegenden, ziemlich starken Manuscript Grötzner'scher Gedichte. Gedruckt sind einige derselben, darunter mehrere an Uz, in dem Koburger Taschenbuch für das Jahr 1821.

Ihn müssen wir nunmehr auf immerdar entbehren.
Sein Geist, entführt vom strengen Strom der Zeit,
Drängt sich nach jener lichten Sphäre
Der grenzenlosen Seligkeit.

Allein uns wühlt der Schmerz durch Adern, Mark und Bein.
Wir sollen nun von ihm — von ihm verlassen sein,
Von ihm, der uns nächst Gott das erste Sein gegeben.
Wie schrecklich ist der Unfall, der uns droht!
Der beste Vater schließt sein Leben;
Und ach, was gleichet seinem Tod?

So wie ein Wandérer, vom nahen Blitz betäubt,
Der seinen Freund entseelt, vor Schrecken fühllos bleibt,
Wenn der Bestürzung Macht sein treues Weinen hemmet:
So heftig stark, ja stärker noch als der,
Wird unser armes Herz beklemmet,
Denn unser Vater ist nicht mehr.

Das ist, wie man sieht, keine hohe Poesie, aber doch für einen Dilettanten der damaligen Zeit, als die gebildete Sprache noch nicht für den Poeten dachte und dichtete, anerkennenswerth. Jedenfalls war es schon ein außerordentlicher Gewinn für Uz, daß er in einem so kleinen und abgelegenen Städtchen einen Freund fand, mit dem er sich aussprechen und bei dem er auf Verständniß und Theilnahme rechnen konnte. Wirklich wurde dieses Verhältniß ein so inniges, daß es bis zum Tode Grötzner's fortgedauert hat. Grötzner ist es, an welchen die folgenden Briefe gerichtet sind. Viel mag zu den innigen Beziehungen zu der ganzen Grötzner'schen Familie die Neigung beigetragen haben, welche Uz zu der jüngsten Schwester seines Freundes faßte. Diese Neigung, der er einen bald scherzhaften, bald ernsteren Ausdruck lieh, wurde von dem Gegenstand derselben mit Freundschaft, nicht mit Gegenliebe erwidert. Die schöne Biographie von Uz in dem Schlichtegroll'schen Nekrolog, der wir hier vieles entlehnen, theilt Briefe und Gedichte in Bezug auf dieses Verhältniß mit, und auch in den uns vorliegenden Briefen geschieht der Mademoiselle Schwester in Scherz und Ernst Erwähnung; wie denn Uz zu der Vermählung derselben mit dem Bürgermeister Gruner in Koburg noch seine Glückwünsche darbringt. Mit seinem Freunde aber fühlte Uz sich so verbunden, daß er sogar ein verwandtschaftliches Verhältniß zwischen ihnen beiden behauptete. Er stützte sich dabei auf die Gleichheit ihrer Wappen, die sie bei einem gemeinschaftlichen Spaziergange an dem Erbbegräbniß der Grötzner'schen Familie auf dem römhilder Friedhof entdeckt hatten, und in heiterer Laune, ohne pedantische, genealogische oder heraldische Untersuchungen, nannte er fortan seinen Freund seinen lieben Vetter bis an dessen Lebensende. Eine weintrinkende, tabakrauchende Gesellschaft verschönte das kleinstädtische Stillleben.

In Römhild entstand „Der Sieg des Liebesgottes". Hier dichtete er einige seiner schönsten Briefe, Oden und Lieder, und obgleich er oft in seinen Briefen auf das schroffe Parteiwesen Römhilds, der von zwei Herren umworbenen politisch aufgeregten Stadt, halb ernst halb spöttisch zurückschaut, so ist ihm doch sichtlich auch die Erinnerung an die schöne römhilder Zeit sein ganzes Leben über werth geblieben.

Und zwar obgleich seine geschäftliche Stellung nicht die angenehmste war in Römhild. Alles war in der größten Unordnung: die kaiserliche Commission ertheilte Befehle im Namen des Kaisers, und der Herzog Anton Ulrich durch seinen Bevollmächtigten Gegenbefehle. Unter anderm erhielt unterm 15. Juni 1752 auch der alte Grötzner von dem Herzog einen scharfen Verweis über sein dem „Dienste des Herzogs und seinen Pflichten zuwiderlaufendes parteiisches Betragen", da er doch weiter nichts gethan hatte, als daß er den Befehlen der Commission als der jetzigen obersten Behörde gehorchte, und wurde dieser Verweis sogar gedruckt im Amte von dem Herzog verbreitet. Aber die Sachen wurden noch schlimmer und verwickelter. Um den Anordnungen der Commission Nachdruck zu verschaffen, wurden 400 Mann Executionstruppen in das Römhildische gelegt. Endlich am 12. Sept. 1753 einigten sich die Höfe von Sachsen-Saalfeld und Sachsen-Meiningen zu friedlicher Verhandlung, sodaß am 1. und 2. Oct. die Executionstruppen, am 3. Oct. 1753 die kaiserliche Commission abzog. Wenn Uz in seinem Brief vom 17. Juli 1765 davon spricht, daß nunmehr „endlich einmal ein Gott das unruhige Römhild beruhigt" habe, so meint er damit den Hauptreceß vom 30. März 1765, welcher die schließliche Beilegung der alten römhildischen, sowie neuerer Streitigkeiten zwischen Sachsen-Meiningen und Sachsen-Saalfeld enthielt.

Von nun an lebte Uz seinen richterlichen Geschäften

in Anspach in stiller Zurückgezogenheit, im Verkehr mit einigen gleichgesinnten Freunden. Durch ganz Deutschland und über dessen Grenzen hinaus als Dichter geachtet und geehrt blieb er dem markgräflichen Hof unbekannt. Markgraf Alexander war sehr erstaunt, als ihn im Jahre 1770 der Papst Ganganelli nach dem berühmten Dichter Uz fragte, den er in Anspach besitze; es war ihm das eine so neue Thatsache, daß er, wie der Schlichtegroll'sche Nekrologist naiv sagt, nach seiner Zurückkunft diesen ihm merkwürdig gewordenen Mann sogleich zu sich kommen ließ und ihm seine Achtung bezeigte.

Zwei literarische Streitigkeiten unterbrachen den ruhigen Gang seines anspacher Lebens. Wir haben gesehen, daß Uz mit seinen hallischen Freunden auf Seite der Schweizer in dem Kampfe gegen Gottsched gestanden hatte. Dagegen widerstrebte ihm die durch Bodmer in Schwung gebrachte Nachahmung der Engländer; er fand die Patriarchaden langweilig und ärgerte sich an dem übertriebenen Klopstockianismus; dieser Gesinnung gab er in seinem „Sieg des Liebesgottes" Ausdruck. Darauf wurde er von den Schweizern, vorzüglich aber von Dusch in Altona, heftig angegriffen, der sich die Gunst der schweizer Kunstrichter verdienen wollte: dies geschah in einer Beurtheilung des ebengenannten Gedichts in den „Vermischten kritischen und satirischen Schriften" (Altona 1758). Uz antwortete ruhig in einem „Schreiben über eine Beurtheilung des Siegs des Liebesgottes". In

Bezug auf Bodmer heißt es darin: „Ich habe nicht gleichgültig ansehen können, daß diejenigen als Dichter den Geschmack verderben sollten, die als Kunstrichter mit Nutzen an seiner Verbesserung gearbeitet haben.“

Viel schmerzlicher noch war dem Dichter ein Angriff Wieland's. Durch seine poetische Epistel an den Hofrath Christ, in welcher ebenfalls gegen die Einbürgerung des englischen Geschmacks in Deutschland polemisirt wird, hatte er die schweizerischen Anhänger Milton's aufgeregt. Wieland in seiner Begeisterung für Bodmer beschuldigte die anakreontischen Lieder unseres guten Uz der Unsittlichkeit: eine fanatische Beschränktheit, die um so schroffer und greller erscheint, wenn man die eigene spätere Entwickelung Wieland's zur wirklichen Lascivität in Betracht zieht. Wie übrigens diese Zerwürfnisse allmählich sich herausbildeten, sodaß die Epistel von Uz nur noch den nächsten Anlaß bot, darüber ist der Briefwechsel zwischen Bodmer, Sulzer und Geßner sehr belehrend.

Noch am 12. Sept. 1747 schrieb Bodmer an Gleim, indem er ihm zugleich mittheilte, daß man ihm „von einem jungen Menschen in Leipzig etwas Ungemeines“, nämlich den zweiten Gesang des „Messias“, gezeigt: „Ich kenne die Herren Uz, Ramler, Kleist nicht weiter, als daß ich ungemein viel Gutes von ihren Geschicklichkeiten habe rühmen hören.“ Am 11. März 1752 heißt es schon in einem Brief von Sulzer an Bodmer: „Wenn ich die heutigen Tibulle und Anakreone bewegen müßte, ihre Gaben besser als zu Possen anzuwenden, so würde ich ihnen blos zeigen, was Bodmer, Klopstock und Wieland geschrieben haben. — Mein Geist kommt Sie zu besuchen, um ein Zeuge der hohen Unterredungen zu sein, die die gottseligen Musen mit Ihnen halten, die mit abgewandten Angesichtern vor den Zimmern unserer Bacchus- und Venuspriester vorbeieilen." Aber auch Klopstock zeigte sich bei seinem Aufenthalt in Zürich bekanntlich dem idealen Bild nicht entsprechend, welches Bodmer sich von ihm entworfen hatte: Wieland trat an seine Stelle, und so schreibt Sulzer unterm 11. Nov. 1752: „Ich freue mich herzlich mit Ihnen, daß sie den verlorenen Klopstock in der Person des würdigen Wieland wiedergefunden. Genießen Sie nun, o Freund, mit vollen Zügen die Lust, deren Erwartung Sie vor zwei Jahren getäuscht hat, und vergessen Sie in Gesellschaft dieses werthen Jünglings Kl(eist), Raml(er), Gl(eim), sowie Sie schon lange Gottschedens und Schwabens vergaßen. Denn so viel diese letztern an Geist und Verstand hinter Ihnen zurück sind, so weit entfernen sich die erstern in der moralischen und philosophischen Art zu denken." An Deutlichkeit läßt diese Erklärung nichts zu wünschen übrig. Bezeichnend ist, daß derselbe Sulzer im folgenden Jahre meldet (23. Sept. 1753): „Herr Gleim schreibt mir, er werde bald mit Herrn Wieland causam communem gegen die lustigen Dichter machen. Weil er aber eben an eine neue Ausgabe seiner Lieder denkt, so kann ich mich noch nicht bereden, daß es sein Ernst sei. Er will es nicht gerne mit einer Parthey verderben." Dies Princip scheint auch Sulzer selbst verfolgt zu haben: denn in einem Briefe an Gleim, der nicht ganz 14 Tage nach dem eben angeführten an Bodmer geschrieben ist, lobt er zwar Bodmer, daß er die Tugend nicht nur predige, sondern auch die bestrafe, „die die Poesie blos zum Scherz gebrauchen", scheint aber doch zu meinen, daß das etwas milder geschehen könne: sonst würden, fürchtet er, die Feinde nicht ausbleiben. Doch ging zunächst noch alles so leidlich glimpflich; noch im April 1755 (Geßner an Gleim) ist Wieland Gleim's zärtlicher Freund und auch Bodmer zeigt sich geneigt. Am 2. Oct. 1755 schreibt derselbe Geßner an Gleim: „Ich habe Herrn Utzens Ausgabe seiner lyrischen Gedichte gesehen. Sie wollen, daß man ihn verschone. — — Bodmer und Wieland sind beleidigt; ich zweifle aber, daß sie ausziehen werden." Darauf folgt nun eine Kritik über Uz, die bei sehr großer Anerkennung einzelnes tadelt, vor allem aber gegen Uz' allzu freie Sittenlehre protestirt und sich gegen den vierten Brief (an Hofrath Christ) wendet, in welchem Uz Bodmer und Wieland nicht genannt, aber, wie gesagt, gegen Anglomanie polemisirt hatte. So brach denn der Streit aus; Uz' schon erwähnte Epistel, Wieland's „Sympathien" und „Empfindungen eines Christen" und dann der neue höchst würdige Brief von Uz an Gleim von 1757 sind die Hauptactenstücke. Als Epilog betrachte ich die Aeußerung Geßner's (an Gleim 16. Juni 1767): „Bodmer und Wieland müssen den Haß und die Rache dulden, die sie sich durch Zänkereien zugezogen haben: sie gingen beide über die Schranken hinaus." So urtheilt unparteiisch ein eifriger Anhänger beider Männer.

Nachdem er diesen Kampf durchgekämpft hatte, in der That nicht zu seiner Unehre, verlief sein Leben ruhig, getheilt zwischen den Pflichten seines Amts und literarischen Beschäftigungen. Und auch seine juristische Wirksamkeit wußte er von einem höhern Gesichtspunkte zu fassen, wie er sich in den schönen Schlußzeilen der Epistel an Christian Felix Weiße ausspricht:

Freund, einem Armen Recht zu sprechen,
Und wenn die Unschuld weint, an Frevlern sie zu rächen,
Ist göttlicher als ein Gedicht.

Zwar hörte er um das Jahr 1768 auf zu dichten, aber mit den einheimischen und auswärtigen Freunden verband ihn ein lebendiges literarisches Interesse. So sind auch die Briefe an seinen Grötzner ein literarischer Verkehr, der bis zu dem Tode des letztern gedauert hat. Uz selbst starb am 12. Mai 1796.

Briefe von Uz.

Allerliebster Herr Vetter,

Theuerster Freund,

Die Freundschaft erlaubt mir nicht, mich meiner Schuldigkeit, an Sie zu schreiben, länger zu entäußern. Es ist wahr, ich bin noch gar nicht in meiner gehörigen Ordnung. Sie wissen selbst, was, insonderheit nach Zurückkunft von einer langen Reise, für eine beschwerliche Sache es sey um

Discursus varios, vagumque mane,
Et fastus et ave Potentiorum.

Sie werden auch meinem Schreiben die Unordnung des Schreibenden vermuthlich anmerken. Doch Sie werden, als mein Freund, solches nicht übel nehmen. Sie haben ja wohl mehr und größere Fehler an mir ertragen. Denn Sie sind ja mein lieber Vetter [1]), wenn es anders noch beym alten bleibt.

Keine Reisebeschreibung haben Sie von meiner Feder zu erwarten. Es ist mir gar nichts wichtiges auf meiner Heimreise zugestoßen, und alles gieng glücklich. Ich hatte den besten Weg und das beste Wetter von der Welt. Als ich auf der Muckfsteig, einem etliche Stunden von Römhild entlegenen Berge angekommen war, wo man zum letztenmal den Gleichberg sehen kann, stieg ich aus der Kutsche, und sah mit nassen Augen nach der Gegend um, wo ich abgefahren war, und die ich in einen dicken Nebel gekleidet fand.

Da Sie wissen, daß ich ein Philosoph bin, so werd ich hoffentlich bey Ihnen außer Verdacht seyn, als ob ich den Verlust meiner Diäten beweinet hätte. Was ist einem Weisen ein Sack Goldes mehr oder weniger? Sie können aus anliegenden Versen sehen, mit was für Empfindungen ich von diesen Höhen nach Römhild hingeschauet und mit welchen Gedanken ich mich überhaupt während meiner Reise am meisten beschäftiget habe. Sie werden dieses Lied schlecht finden; es ist es auch, und ich habe allzu wenig Zeit darauf verwenden können. Doch hat das Herz durch und durch darin geredet, welches das Beste daran ist. Ich kann wahrhaftig zu meiner vorigen Munterkeit noch nicht völlig wieder kommen, ohnerachtet mir nicht das mindeste fehlet. Ich vermisse den Umgang meiner Römhildischen Freunde nur allzusehr. Die Weingelehrte Gesellschaft ist dermalen ganz außer Activitaet: denn von den drey Haupt-Mitgliedern sind zwey auf's Land verreiset und zwey noch über dieß in den Küß-Monathen, da Bacchus der Liebe weichen muß. Denken

Sie also selbst, wie öde mir Anspach scheinen muß, da ich weder Sie, mein liebster Freund, noch meine ältern Freunde habe, die mich aufmuntern: denn ich bin, wie Sie wissen, vom Hypochonder übel geplaget, vide Palinodie an die Gespenster.[2])

Wahrhaftig, ich werde schwermüthig, wenn mir nicht Bacchus in Zeiten zu Hülfe kommt. Ich habe gar zu viel Liebes in Römhild. Alles ist dahin! Wer weis, ob meiner mehr gedacht wird. Was für Wolken steigen in meiner Seele auf, wenn ich diesen Gedanken gedenke, wie der große Klopstock so schön sagt.

Der heitre Himmel wird mir trübe. Doch ich hoffe von Ihrem vortrefflichen Herzen das Bessere. Sie sind ja mein Vetter; wie sollten Sie mich so bald vergessen können? Ich habe einen geschickten Geyealogisten in Sold genommen, der das Uzische Wappen untersuchen, alle Wappenbücher durchstöbern, und, wo möglich, den Ursprung unserer Familie ausspüren soll. Thun Sie Ihres Orts dergleichen, so werden wir endlich die Freude haben, daß wir ein schema genealogicum von unserer ohnfehlbar sehr nahen Verwandtschaft verfertigen können; denn wir müssen gewiß sehr nahe Vettern seyn, lieber Grötzner: es kann nicht anders seyn. Wir könnten sonst ohnmöglich einander so lieb haben, noch einander so gleich seyn, außer daß ich frömmer bin. Meine Mutter und Schwestern sind nicht wenig stolz über ihre neue Anverwandten und empfehlen sich nebst mir, Ihnen sowohl, als dem Herrn Papa, Frau Mama und Mademoiselle Schwester aufs angelegentlichste.

Doch mit meiner lieben schönen Jungfer Base habe ich mehr zu reden. Sie werden derselben vermuthlich meine übersendeten Verse vorlesen. Ich weis in der That nicht, was ich denken soll. Mich dünkt, ich liebe sie mehr, als ich jemals geglaubt habe. Wenn mir Amor diesen Streich gespielet hat, so werde ich es ihm Zeitlebens nicht vergeben. Denn was kann ich abwesend hoffen, da ich nahe anwesend nichts erhalten habe? Trauriger Gedanke! Der Himmel wird mir schon wieder trübe: drum will ich lieber diesen Brief schließen, und nur noch dieses bitten, daß Sie allen Freunden, die meiner gedenken, und insonderheit dem lieben Herrn Sekretär Hommel und dem Herrn Hof-Advokat Wagnern mein ergebenstes Compliment zu vermelden, belieben wollen. Lieben Sie mich beständig und schreiben mir baldmöglichst.

Ich verharre mit der zärtlichsten Hochachtung

Meines allerliebsten Herrn
Vetters und Freunds

Weil mir bey Durchsuchung meiner zurückgelassenen Papiere die Satyre, genannt der Wurmsaame, zu Handen gekommen, so überschicke Ihnen solche in Hoffnung, daß es Ihnen nicht weniger gefallen werde, als es mir gefallen hat.

Anspach, den 11. Oct. 1753.

getreuester Freund und Diener
Joh. P. Uz.

Hier, wo rauhe Lüfte wehen,
Auf der Mucksteig wilden Höhen,
Seh ich mit betrübtem Blick
Einmal noch dorthin zurück,
Wo des fernen Gleichbergs Rücken,
Wo der Steinsburg felsigt Haupt
Sorgenschwangre Nebel drücken,
Deren Grau die Durchsicht raubt.

Dort sind Römhilds liebe Mauern,
Wo die Rotten erblich dauern,
Und, gepaart mit altem Zwist,
Die Verwirrung Fürstin ist.
Zweymal, seit ich hingekommen,
Hat, mit Aeren frisch umkränzt,
Ceres Schnitter angenommen,
Hat die Sichel hier geglänzt.

Ich erwarb mir manche Freunde;
Zwar vielleicht auch manche Feinde:
Doch, weil Pallas mich beschützt,
Hat ihr Pfeil umsonst geblitzt.
Fern vom pöbelhaften Schwarme,
Welchen Himmel güldner Lust
Oeffneten der Freundschaft Arme
Mir an kluger Freunde Brust!

Bald lud Bacchus zum Ergetzen
Zu vertraulichen Geschwätzen;

Lud bei jugendlichem Wein
Musen, Scherz und Satyr ein.
Bey verblas'nem Rauche flossen
Halbe Nächte fröhlig hin,
Hat es Muffeln gleich verdrossen,
Muffels finstern Eigensinn.

Alles, alles ist verschwunden;
Denn die Flügel froher Stunden
Eilen unermüdet fort,
Auf der Zeit gebietend Wort,
Bis zum Schoose süsser Freude
Folget uns der Unbestand,
Und, verdrängt vom falschen Leide,
Flieht sie unter unsrer Hand.

Winde, die mit kaltem Schnauben
Diesen öden Horst entlauben!
Euch, auf eurer dunklen Bahn,
Redet itzt mein Unmuth an.
Wenn ihr mit bereisten Schwingen
Ueber meinen Freunden schaurt;
Sollt ihr ihnen hinterbringen,
Wie ich hier um sie getraurt.

Kenn ich alle meine Triebe?
Ist's nur Freundschaft? Ist's auch Liebe,
Die mein Herz nach Römhild lenkt,
Und in sanfte Schwermuth senkt?
Amor, den ich lachen sehe,
Hat mich deine Hand erlegt?
Flieh ich, wie ein fliehend Rehe,
Das den Pfeil im Rücken trägt?

Chauljen [3]) dem, bekränzt mit Rosen,
Alle Grazien liebkosen,
Du, Lyäens weiser Sohn,
Fröhliger Anakreon!

Die ihr nur mit Amorn lachtet,
Rettet euern armen Freund,
Der den Gott gering geachtet,
Nun von ihm getäuschet scheint.

Stellt die lächelnde Cythere,
Stellt mir, der Natur zur Ehre,
Sie und ihr muthwillig Chor
Unter Myrthen-Büschen vor.
Zeigt mir ihre schlauen Blicke,
Wo allein die Wollust flammt,
Welche Fesseln, Band und Stricke,
Welche treuen Ernst verdammt.

Eure Leyer scherzt vergebens!
In dem Frühling meines Lebens
Habt ihr zwar mein Ohr vergnügt:
Aber ach! Climene siegt.
Sie gebietet meinen Träumen,
Und ihr Bild verläßt mich nie:
Unter Büschen, unter Bäumen,
Ueberall erblick' ich sie.

— — [4]) Sie sehen, mein liebster Herr Vetter, daß ich mir nichts umsonst thun laß! Sie haben mich mit Versen Ihrer artigen Muse beschenkt; und ich beschenke Sie mit Reimen meiner Art.

Gaudes carminibus: carmina possumus
Donare, et pretium dicere muneri. [5])

Anbey erhalten Sie einen Brief an meine liebe Jungfer Baas, welchen Sie mit erster Gelegenheit unterthänigst zu überreichen, ohnermangeln werden. Ich glaube, daß ich ihn ohnversiegelt beylegen könne: denn Sie brechen ihn doch auf. Leider! habe ich auch keine solche Geheimnisse mit derselben, als ich gerne wünschete.

Empfehlen Sie mich derselben und Ihrem ganzen vornehmen Hause, welches auch meine Mutter und Schwestern sich eifrigst erbitten. Wenn Sie wieder mit dem Herrn Amts-Actuario und seinem lieben Weibgen schmausen, so erinnern Sie sich meiner auch und versichern dieselben meiner beständigen Ergebenheit; auch denke ich niemals ohne Vergnügen an Herrn Secretarium Hommel und Herrn Hof-Advocat Wagner, welches Sie ihnen bei Teufel-Hohlen procuratoris nomine zuschwören mögen.

Ich erfreue mich nicht wenig, daß ich höre, wie Römhild annoch einer stolzen Ruhe genieße. Ich bin hochmüthig darauf, denn Sie wissen, daß ich auch meinen Theil auf diese erwünschte Ruhe getrunken habe. Jedoch praefiscine dixerim! Gott behüte das liebe Kind, daß es nicht beschriehen werde.

Wir sind in Anspach nicht völlig so ruhig gewesen: denn unser Durchl. Erbprinz hat sogleich bey Seiner Zurückkunft die Blattern bekommen; ist aber bereits ausser Gefahr, und der Wein darf uns wieder schmecken. Die Weingelehrte Gesellschaft fängt an, wieder aufzuwachen, nachdem die vornehmsten Glieder von den Banden des Hymens sich nicht mehr so einschränken und Lyäen Recht widerfahren lassen. Wir haben seit kurzer Zeit ein Paar Sessiones bis tief in der Nacht gehabt. Von gelehrten

Neuigkeiten weiß ich nichts, außer daß der Peregrine Pickel [6]), ein Buch, welches meine Freunde sehr erheben, völlig heraus ist. Weil ich es mir gekauft habe, so will ich Ihnen in meinem nächsten Brief nähere Nachricht davon ertheilen; denn ich habe es noch zur Zeit nicht gelesen. Uebrigens ist nie ein Leipziger Meß-Catalogus so mager gewesen, als der von letzterer Michaelsmesse. Der Holzbedürftige Winter wird die Scribenten besser anstrengen.

Lieben Sie mich beständig und schreiben Sie mir bald und oft und viel. Ich bin mit unverrückter Ergebenheit

Meines Hochzuehrenden Herrn Vetters

zärtlichster Freund und Vetter

Anspach, Uz.

den 22. Nov. 1753.

Noch eins! Ich habe vergessen, Ihnen zu sagen, daß Ihr Petschaft sehr schön sey. Wenn Sie es noch mehr auszieren wollen, so lassen Sie Epheu und Weinblätter drum stechen. Bekommen Sie allenfalls eine schwesterliche Resolution an mich zu überschreiben und zu beurkunden, so fassen Sie dieselbe so favorable als möglich; lügen auch allenfalls etwas dazu von Amtswegen.

Allerliebster Herr Vetter!

Sie sind freylich boshaft; es ist gar nicht zu läugnen,

und ich kann Ihnen diesen Nahmen desto getroster beylegen, da Sie selbst sich desselben würdig achten. Wenn Sie bei dem Empfang Ihres Schreibens zugegen gewesen wären, so würden Sie mit einer gewaltigen Ladung von Scheltworten empfangen worden seyn. Ihre Bekanntschaft mit Herrn Lovelace würde Ihnen wenig geholfen haben: denn ich habe bey meinem Hierseyn eine nicht weniger vortheilhafte Bekanntschaft, welche diesen Punkt betrift, mit Herrn Pickeln gemacht. Allein seit der Zeit hat sich meine Galle gesetzt: ich habe die Sache mit ruhigen Augen angesehen und argwohne, daß Sie mir mit allem diesen nur auf gute Art sagen wollen, wie ich dergleichen Antwort-Schreiben gar nicht zu gewarten hätte. Was soll ich hierzu sagen? Ich lege meine Hand auf den Mund und schweige. Ein angenehmerer Theil Ihres Briefes ist derjenige, wo ich die fortdauernde Freundschaft meines liebsten Freundes lese. In diesem Theil sind Sie gewiß aufrichtig. Sie sind gewiß mein Freund: das Herz hat Ihnen diesen scherzenden und fröhlichen Brief in die Feder gegeben. Diese Versicherung bringt mich in Feuer, und ich werde in der Entzückung — — — wieder reimen? Nein! meine liebe Muse! siehest du nicht, daß mein Vetter keine Verse von dir will? Drum hat er dir nicht, wie er anfangs vorgehabt, in Versen geantwortet: Er hat gefürchtet, diese Herunterlassung würde dich Ihm abermals auf den Hals ziehen.

X. Soll ich vergebens flehn,
Und keinen Brief von dir in Versen sehn?
Du schenkst ja wohl an Schlecht're deine Lieder,

L. Nun wohl, das nächstemal will ich in Versen schreiben.

X. Top! und ich schreibe dir gewiß in Versen wieder.

L. So? Großen Dank! nun laß ich's bleiben.

So singt Leßing! [7]) Und Sie wißen doch vermuthlich, daß er der Verfaßer der Kleinigkeiten ist? daß seine Schriften in 2 kleinen Duodez-Bändgen in Berlin sehr niedlich gedruckt worden? Die Kleinigkeiten sind in zwey Bücher abgetheilet und heißen itzo Lieder. Sie sind vermehrt und hier und dort verändert, wie denn insonderheit aus dem so oft vorgekommenen Liede: der Vetter und die Muhme, die letzte Strophe mit gutem Grunde weggelassen worden. Auf diese folgen Oden, die aber den Liedern nicht gleichkommen, als in welch letztern ich ihn dem Anakreon vergleiche. Nachhero folgen Fabeln, Erzählungen, dogmatische Gedichte und Sinngedichte, welche letztere meistens ungemein artig und oft beißend sind. Der ganze andere Band enthält Briefe in ungebundener Schreibart, die litterarische Nachrichten und Urtheile von Scribenten und Büchern geben, auch viel schönes haben. Kurz! Sobald sie etwa einem Bäuerlein, das in Ihr Advocaten-Netz verfallen, einen Rheinischen Gulden abnehmen, so rathe ich Ihnen, denselben auf Leßings Schriften anzulegen. Vielleicht aber, wenn Sie auch dieselben besitzen, werden Ihnen die alten Kleinigkeiten doch noch immer lieb bleiben: denn die neue Sammlung ist freylich zu dick zu einem Taschen-Poeten für einen Trinker. Es fällt mir ein, daß Sie das neue Jahr vermuthlich anschmausen und vielleicht einen Mangel an Gesundheiten haben werden, da Sie die Gläser sehr oft auszutrinken gewohnt sind. Da es nun doch möglich ist, daß Sie Leßings Sinngedichte noch nicht haben: so will ich daraus eine Gesundheit auf die Gesundheiten abschreiben. Hören Sie! Es ist kurz und macht meiner Trägheit wenig Mühe.

Weg mit den längst bekannten Schwänken!
Trinkt fleißig, aber trinket still!
Wer wird an die Gesundheit denken,
Wenn man die Gläser leeren will?

Wie ungleich sind Leßings witzigen Scherzen die Oden und Lieder eines gewissen Oßenbergers? [8]) Sie sind zu Dreßden herausgekommen und das äußerliche ist vortreflich: aber das innenwendige taugt den Teufel nicht. Lauter Wasser! Lauter Wasser! Lieber Vetter! Daß der Zeitungs-Schreiber zum Henker wäre, welcher durch sein unmäßiges Lob mir abermals einen Consbruch eingeschwatzt hat.

Die Begebenheiten Pickels, dessen ich bereits gedacht habe, sind desto schöner. Seit den Tagen des Gil Blas ist kein Buch ans Licht gekommen, welches diesen Geschmack so vollkommen erreichet hat. Alles lebt, alles ist voll Caractere und das Burlesque ist so hoch getrieben, als in Scarrons Roman comique.[9]) Aber der 3te Theil enthält einen wilden Zweig, der dem Ganzen nicht vortheilhaft, ohnerachtet er an sich schön ist. Ich meine die Begebenheit eines vornehmen Frauenzimmers, welche gelegenheitlich erzählet wird und in die Hauptgeschichte nicht den mindesten Einfluß hat. Wissen Sie kein Buch mehr, von dem ich Ihnen etwas zu sagen hätte? Ich möchte gerne dieses Blatt voll haben; aber ich muß wohl schließen. Denn ich bin zum Scherz und Lachen heute sehr wenig aufgelegt. Das langanhaltende abscheuliche Wetter liegt mit allen Wolken schwer über meiner Seele. Ich bin nicht fröhlig, als wenn ich trinke; und ich kann nicht trinken, wenn ich schreibe.

Sie erwarten wohl nicht von mir, daß ich meinen Brief mit einem weitläuftigen Neujahr-Wunsch beschwänzen soll. Sie werden vollkommen glücklich sein, wenn Sie das Gute, welches ich Ihnen, Ihren werthesten Eltern und Mademoiselle Schwester aufrichtigst wünsche, erhalten werden. Das neue Jahr wird an meiner Gesinnung nichts verändern: ich werde mit unverrückter Zärtlichkeit jederzeit seyn

Meines allerliebsten Herrn
Vetters
getreuer Diener und Freund
Uz.

Anspach,
den 27. December 1753.

Allerliebster Herr Vetter!

Ich habe einige Tage und etliche Minuten berathschlaget, ob ich mehr an Sie schreiben sollte. Sie werden so wild, so ruchlos, daß ich fürchte, Sie werden zuletzt gar ein Atheist werden. Nichts als Wein und Liebe! Lieber Himmel! Was wird aus dem Kindlein werden? O wie nöthig hätten Sie mich, daß ich Sie wieder auf den rechten Weg brächte, und Ihnen vornehmlich das gottlose Weintrinken abgewöhnte, wovor ich Sie so treulich gewarnt habe! Wann Sie es lange so forttreiben, so werden Sie mir noch allen Wein wegtrinken, und kein Mädgen gönnen Sie mir ohnehin.

Voll von Wein,
Voll von Liebe,
Voll von Wein und Liebe,
Immer voll zu seyn,
Vetter, steht nicht fein!

Ihr Kirchenvater Leßing wird Sie vollends verderben. Sie sind so witzig, wie er; aber auch eben so leichtfertig. Das Urtheil, das Sie von demselben gefället haben, ist das meinige. Ich will Ihnen doch schreiben, wie Gleim von ihm urtheilet.

„Er wendet gar zu wenig Fleiß auf die Ausarbeitung, drückt sich nicht kurz genug aus, geht dem Witz nach und fällt oft in's niedrige, oft in's Pöbelhafte, wie z. E. das Epigramma, worinn der Hosenknopf vorkommt.

Dergleichen lernt man in verdächtigen Häusern, und man verräth sich, daß man sie besucht hat."

Diese letztere Beschuldigung ist nicht ganz ohne Grund. Sie wird auch durch die Uebersetzung des unflätigen Sinngedichts aus dem Martial auf der 210. Seite gerechtfertiget. Dem ohnerachtet bleibt Leßing ein liebenswürdiger Dichter; und wer ist ohne Fehler? Der arme Lang ist am übelsten weggekommen, daß seine Uebersetzung Horatii [10]) einen so fürchterlichen Gegner erhalten. Er hat sich sehr ungeberdig gestellt, und eine seichte Vertheidigung seiner Uebersetzung drucken laßen. Leßing aber hat, dem Vernehmen nach, bereits eine äußerst beißende Verantwortung in Taschen-Format und zu einem Vade mecum für Herrn Pastor Langen drucken lassen. Lange verliert ohnfehlbar; und seine Uebersetzung ist auch so elend, daß sie einen neuen Liscow [11]) gar wohl verdienet hat.

In Berlin kommen Oden mit Melodien heraus, die aus Hagedorn, Gleim und andern genommen, aber meistens gewaltig verändert sind. Sehen Sie doch, wie eine gewisse Ode [12]) aus den lyrischen Gedichten in dieser neuen Sammlung aussieht:

Wenn ich mir ein Mädchen wähle,
Müsse zärtlich ihre Seele,
Männlich schön ihr Antlitz seyn.
Silbern sey die Stimm' am Klange,
Hoheit strahl aus ihrem Gange
Fuß und Hand sey rund und klein.

Allzujung braucht Kinderlehren,
Ich will meine Freundin ehren,
Sie regier als Königinn,
Gütig ihr gemeines Wesen,
Könne denken, könne lesen,
Tändle, bis ich müde bin.

Doch ich mag den Rest nicht abschreiben: er ist dem bisherigen gleich. Sind Sie der Meinung, daß ich diese Verbeßrungen meiner Berlinischen Freunde in einer neuen Auflage der lyrischen Gedichte adoptiren soll!

Da ich von den lyrischen Gedichten rede, so muß ich Ihnen sagen, daß es wenig gefehlt, so wären sie diese Ostern herauskommen. Nun aber wird nichts daraus; und es ist mir lieb. Vielleicht werden sie diesen Sommer und zwar unter meinen Augen gedruckt, weil meine hiesigen Freunde doch keine Ruhe laßen. Sie hätten schon einige Sommer noch zu ihrer mehrern Reife nöthig.

Wenn Sie den Horatium nicht eher deutsch zu lesen bekommen, biß ich denselben übersetze, so werden Sie ihn niemals deutsch lesen! Vestigia me terrent. Wer weis, wo ein Leßing für mich jung worden. Ich schicke mich überhaupt schlecht zu einem Uebersetzer, und bin niemals im Stande gewesen, nur eine einzige Ode Horatii in solche Verse zu bringen, als ich wünschte, so oft ich auch angesetzt habe.

Ich muß Ihnen doch von einer kleinen Schrift Nachricht geben, die ich eben lese. Sie heißt: der deutsche Don Quixotte, oder Begebenheiten des Markgrafen von

Bellamonte. Breslau 1753. Sie soll aus dem Französischen übersetzt seyn, wie das Titul-Blatt sagt; aber ich halte es für ein deutsches Original. Und wenn dieses sich also verhält, so macht es nach meinem Geschmacke den Deutschen mehr Ehre, als zehn Heldengedichte nach neuem Gepräge.

Berichten Sie mir doch, wie Herrn * * * verdrüßlicher Handel weiters gegangen. Er dauert mich von Herzen. Das hat man von Mädgen! Sehen Sie?

O Jüngling! sey so ruchlos nicht
Und singe stets von Mädgen
Mit rosenvollem Angesicht
Und runden Wädgen.

Doch Sie lachen nur über meine treuen Erinnerungen. Und auch den Wein wollen Sie nicht laßen? Das ist betrübt! wenn ich doch wenigstens mit trinken könnte!

Lieber Vetter! wenn ich Sie doch wieder sehen sollte! Schicken Sie mir den Pegasus zu, daß er mich zu Ihnen bringen soll. Ich sehe aus Ihren Briefen, daß Sie denselben fleißig reiten. Zu mir kommt er gar nicht mehr. Oder reiten Sie lieber selbst auf demselben nach Anspach auf Walpurgis! Wollen Sie nicht? Vielleicht könnten Sie in der Walpurgis-Nacht noch eine andere Gelegenheit bekommen.

Empfehlen Sie mich Ihren werthesten Eltern und Mademoiselle Schwester, und vergeßen Sie niemals, daß Sie hier außen einen Freund haben, der Sie unendlich hochschätzt und über alle seine Freunde liebt. Ich bin mit aufrichtigster Ergebenheit

Meines allerliebsten Herrn Vetters
Anspach, getreuester Freund und Diener
den 21. Mart. Uz.
1754.

Liebster Herr Vetter,

Ich bin mit meiner Antwort auf Ihren letzten Brief wohl ziemlich lang ausgeblieben. Es ist ganz gewiß; ich kann es nicht läugnen; ich mag mich auch nicht wieder mit meinen Geschäften und Zerstreuungen entschuldigen. Sie sollen nicht immer über mich lachen.

Bey meiner Faulheit tröstet mich noch dieses, daß Sie vor dießmal meine Briefe nicht werden vermißt haben. Denn Sie sind in Coburg bei einem Freunde gewesen, der Sie näher angeht, als ich, und Sie mit seinem Weine mehr belustigt haben wird, als ich und meine leeren Träume. Es hat also vor dießmal dabey sein Bewenden; jedoch ohne Folge auf das künftige.

Wißen Sie schon, daß ich in Ihrer Gegend einen neuen Freund bekommen habe? Wie verändern sich die Zeiten! Noch vor einem Jahr flohen uns alle Meininger, wie die Ottern. Jetzt wechseln wir Briefe mit einander, si Diis placet. Herr Trier, der Verfaßer der

Oden, Lieder und Erzählungen, den Sie in Ihrem letztern Brief sehr richtig beurtheilet haben, hat an mich geschrieben und mir seine Gedichte überschickt, nachdem er mich in dem Altenfelderischen Hauß kennen gelernet. Er ist mit den Musen nicht ganz unbekannt und gefällt mir noch besser, als die in Coburg herausgekommenen Fabeln und Erzählungen, deren Verfaßer [13]) ich einmal auf Ihrem Zimmer angetroffen und nach dessen Abgehen wir noch weidlich gezecht haben. Mit wie vielem Vergnügen denke ich doch an alle Gelegenheiten, da wir mit einander getrunken haben! Ich zeche hier auch, Gott sey Dank! aber ich vermisse Sie doch immer, mein lieber Vetter. Es ist mir nur lieb, daß mein Gewissen mir nicht vorzuwerfen hat, daß ich mich der Gelegenheit, mit Ihnen zu schmausen, nachläßig bedienet habe. Wollte der Himmel, daß es nicht Ursache hätte, wegen andrer Ursachen mir meine damalige Blindheit vorzuwerfen! Werden Sie nicht auch bald anfangen, Ihre Gedichte drucken zu lassen, da rings um Sie herum Dichter aufstehen, die Ihnen noch lange nicht gewachsen sind? Sie sind diese Verherrlichung Ihrer Vaterstadt schuldig. Sehen Sie doch, daß auch ich endlich so kühn werde, mich von neuem der Presse anzuvertrauen. Denn diesen Sommer wird vermuthlich noch die neue Auflage meiner lyrischen und andern Gedichte erfolgen. Opera omnia Uzii! in 12 bis 13 Bogen. Was für ein Aufsehen wird nicht dieses Werk in der gelehrten Christenheit machen!

Leßings Schriften sind mit einem 3ten und 4ten Bande vermehrt worden, die alle beyde entweder Ehrenrettungen gelehrter Leute oder Comedien enthalten. Die letztern gefallen mir recht wohl. Ich bin begierig, zu vernehmen, was Sie davon urtheilen, und ob Sie nicht glauben, daß der erste Band seiner Schriften ihm noch immer die meiste Ehre mache. Zachariä, der Verfasser des Renommisten und der Verwandlungen, hat scherzhafte epische Gedichte und Lieder drucken lassen. Die bereits ehemals gedruckten Stücke sind hier wieder abgedruckt und verbeßert, auch mit zweyen neuen Heldengedichten vermehrt. Die Oden sind mehrentheils im Klopstockischen Geschmacke; doch wollen sie auch den Klopstockianern nicht völlig gefallen.

In Anspach wird eine Wochenschrift: „der Freund" gedruckt und erhält ziemlichen Beyfall. Welch Wunder! die Verfaßer sind lauter Oettinger, wie es heißt. Sie ist nunmehr bis zum achten Stück fortgerückt. Apollo gebe ihr langes Leben!

Aber was haben Sie neues in Römhild? Ich habe gehört, daß Sie einen wichtigen Proceß wider Herrn Wetzeln 14) unter Händen haben, da sieht man, was die Poeten für verwegene Leute sind! Einen Proceß wider einen Geistlichen, wider einen Wetzel zu führen! Wie will ich lachen, wenn ich höre, daß mein Vetter alle Sonntage die Kirche lustig macht!

Empfehlen Sie mich Ihren werthesten Eltern und

Mademoiselle Schwester, die mich, wie einen Todten, vergessen hat, und nicht das geringste Zeichen Ihres Andenkens in Ihres Bruders Briefen einrücken laßen. Ich habe mirs prophecehyt! Vergeßen Sie mich auch noch; so wird Römhild ein sibirischer Ort für mich. Ich hoffe, Sie werden es nicht thun. Ich bin mit unverrückter Hochachtung

Dero

Anspach, gehorsamer Diener

den 5. Jun. 1754. Uz.

Lieber Herr Vetter!

Was machen Sie denn? Wie leben Sie? Wir haben ja einander schon lange nicht gesprochen! Der Wein schmeckt Ihnen doch noch immer vortrefflich? — — o ja vortrefflich! — — das ist mir herzlich lieb! dichten Sie auch noch zuweilen? — — zuweilen, wenn ich nicht zu faul bin. — — Ich beantworte meine Fragen doch recht? nicht wahr? Ich habe auch diese Antworten errathen können, ohne ein Hexenmeister zu seyn. Ich meines Orts dichte gar nicht mehr; sondern corrigire nur, was ich ehemals gedichtet habe. Der Gott ist von mir gewichen, der Gott, mein lieber Vetter, der Ihnen die leichtfertigen Verse einflößet, mit denen Sie Ihre Briefe schmücken. Meine ganze Beschäftigung ist das Lesen. Ich lese jetz den Waller[15]), den zärtlichen Waller, der Ihnen aus Hagedorns Vorrede seiner Oden bekannt ist. Lernen Sie englisch, nur um Wallers willen. Er ist vollkommen nach meinem Geschmack, und hat mich mit der englischen Dichtkunst wieder in etwas ausgesöhnt, da ich ihr wegen ihrer deutschen Nachahmer von Herzen gram zu werden anfing. Er ist fließend, wohlklingend und geistreich: nur selten findet man etwas von dem falschen Witz bey ihm, der bey seinen Landsleuten so häufig sich findet. Er ist voller Klagen über ein Mädchen, das ihn nicht liebet; und seine Klagen sind rührend. Er hatte in der Liebe das Schicksal der meisten Poeten. Ich lese mit einer gewissen Zerknirschung, wenn er sich mit dem Phöbus vergleicht, der einer Daphne nacheilt und statt ihrer Lorbeeren in die Hand bekommt. Das ist gewiß erbaulich für den Dichter! Klagen sind meine Sache nicht. Es fiel mir einmal ein, Elegien zu machen, und verschiedene Gedichte, die ich in Oden-Gestalt gezwungen, sollten umgeschmelzt werden, damit sie Elegien würden. Ich fragte den Bacchus darüber und wurde von ihm ausgelacht. Er hat gemacht, daß ich diesen Vorsatz nicht ausgeführt habe; doch hat er dadurch nichts gewonnen; denn ihm und seinem lieben Bruder Amor habe ich gänzlich abgesagt. Verstehen Sie mich recht; ich habe ihnen abgesagt, nicht mehr von ihnen zu singen. Ich will meinen Wein trinken, ohne davon zu reden, wie andere wackere Leute mehr thun; und Amor mag sich von denenjenigen Lieder machen lassen, denen er in andern Dingen zum Willen ist. Ich sage mich los von der muthwilligen Dichtkunst, und überlasse sie Leßingen und Ihnen, da ich hingegen der moralischen Muse, der ernsthaften Uranie aufwarten will. Diese wird meinem Charakter anständiger seyn. Ich weis ohnehin nicht, wie ich in den unverdienten Credit gekommen, als ob ich Leichtfertigkeiten geschrieben. Letzthin wurde ich von einem Hofrath auf der Canzley angepackt. Er wünschte mir Glück wegen der neuen Lieder, die ich hätte drucken lassen. Als ich hierüber meine Verwunderung bezeugte, nannte er mir die Kurzen und langen Lieder [16]), die in Dreßden herausgekommen sind und vermuthlich den fließenden Reimer Oßenfeldern zum Verfasser haben. Doch ich sagte mich eydlich davon los und man sagte mir, daß ein Stück darunter wäre, welches man mir zugetrauet habe; denn es wäre etwas leichtfertig. Quae, qualis, quanta! Nein! diesen Ruhm des Muthwillens laße ich nicht auf mich kommen, und ich will meine grauen Haare mit Ehren in die Grube bringen. Dem ohnerachtet bleibt Horaz noch immer mein Liebling, und ich kann nicht leiden, daß Herr Altenfelder [17]) denselben unter Oviden setzen will. Ovid schreibt flüßiger als Horaz; aber auch prosaisch. Oßenfelder schreibt leider! auch flüssender als Haller; und ist doch ein Insekt gegen ihn. Die Elegie erfordert auch eine leichte und natürliche Schreibart: denn sie ist die Sprache des Herzens; und Ovid hat diese Sprache vollkommen inne gehabt, sowie Horaz die Sprache der Ode. Doch Sie wissen dieses alles selbsten besser, als ich. Hören Sie nicht auf zu küssen und zu trinken; aber vergessen Sie dabei auch nicht, mich zu lieben und mir zu schreiben. Ich bin mit der zärtlichsten Hochachtung

Meines lieben Herrn Vetters

Anspach, gehorsamer Diener
den 3. August 1754. Uz.

Ich habe vergessen, wegen des Herrn von Palthen [18]), dem mein Liebesgott zugeschrieben worden (denn ich kann nicht glauben, daß er selbst sich vor den Verfaßer ausgegeben) Ihnen zu sagen, daß er vor meiner Rache sicher ist. Er ist gestraft genug, wenn ich das angesprochene Gedicht den lyrischen Gedichten beydrucken lasse und dadurch den wahren Autor entdecke. Er ist ohnehin ein schlechter Held, wie seine Schriften bezeugen; und ist keine Ehre einzulegen.

Lieber Herr Vetter!

Seyn Sie nur nicht ungehalten! Pfuy! wer wollte gleich so böse seyn! Sie sollen Briefe haben; Sie sollen Gedichte von mir haben; Sie sollen alles haben, was Sie wollen. Sie haben sehr künstlich den Namen meiner Jungfer Baas in Ihren Brief hineingebracht, ob Sie gleich diesmahl einer so allmächtigen Hülfe, Ihre Absicht zu erreichen, nicht bedurft hätten. Denn, bin ich nicht selbst geneigt, an Sie zu schreiben? und nur manchmal auszusetzen, wann — — wann — — Doch Sie wissen schon, wann? Die wahre Ursache, warum dießmal Ihre Briefe so spät beantwortet werden, ist diese: ich wollte Ihnen ein Exemplar meiner Gedichte zuschicken, weil Sie ihnen die Ehre thaten, fleißig nach ihnen zu fragen. Der Verleger versicherte mich von Zeit zu Zeit, sie würden in wenigen Tagen fertig werden; und siehe! diese wenigen Tage sind gestern erst zu Ende gegangen. Nun bekommen Sie alle meine Nugas zusammen. Opera omnia Uzii! in 16 Bogen! Wie wird die Welt die Augen aufsperren! Was für Lobsprüche werde ich einerndten, insonderheit von den Klopstockianern und Schweizern! Der Druck ist nicht nach Ihrem Verlangen, nicht in Taschen-Formate; er ist auch sonst nicht übrig fein: denn er ist nürnbergisch und hat einen anspachischen Verleger. Er mag immer gut seyn, bis er besser wird. Ich fürchte ohnehin, das Taschenformat werde durch die verwünschten Imitatores, servum illud pecus bald lächerlich werden. Sie werden so gütig seyn, mein lieber Vetter, und Ihre und Ihrer lieben Mad. Schwester Gedanken von meiner Arbeit mir fordersamst überschreiben und sich nicht vom Teufel zu einer unchristlichen Rache verleiten lassen. Sie müssen mir Ihre Verse nicht vorenthalten: denn sie sind allerliebst und

Ihre letztern insonderheit sind mir auch wegen der Freundschaft, davon sie reizende Zeugen sind, schätzbar. Sie müssen eine Sammlung Ihrer Gedichte veranstalten; und ich wollte gern Ihr Aristarch seyn, wenn ich nicht selbst einen nöthig hätte.

Wie wunderlich muß sich nicht alles schicken! Wer hätte vor einem Jahre gedacht, daß unser Durchlauchtigster Erbprinz [19]) sich eine Gemahlin in Coburg hohlen würde! Wie manches Glas Wein hätten wir mehr zu trinken, Anlaß gehabt, wenn wir in Römhild dieses gewußt hätten! Diese glückliche Wahl erwecket in hiesigen Landen ebenso viele Freude, als in Ihren Gegenden; und ich füge meine Wünsche zu den Wünschen beyder Länder, aber nur in Prosa, wie Sie. Meine Muse ist nicht gewohnt, sich vor Durchlauchtigen Ohren hören zu laßen; so weit gehet ihr Ehrgeiz nicht. Ich will andern geschicktern Dichtern die Ehre, dieses hohe Brautpaar zu verewigen, überlassen. Es sollte mir ein ausnehmendes Vergnügen seyn, bey dieser Gelegenheit nach Coburg kommen zu können; aber nicht sowohl, die Pracht der Ceremonien mit anzusehn, als Sie, mein Liebster, zu umarmen. Das Unglück hierbey ist, daß niemand in die Suite kommt, als wer vom Hof ist und ich bin nur von der Canzley.

Ich habe sowohl die Schrift: zum Vergnügen [20]), als die Possen gelesen. Die erstere betitelt einer meiner Freunde: zum Gähnen. Ich finde, daß die Verse ganz artig zuweilen; aber nicht besonders witzig sind. Die Possen verdienen ihren Titul sehr wohl. Es sind wahre Possen, aber oft ganz witzig und vielleicht boshaft. Wenigstens will man mich versichern, daß die Comödie auf Gellerts Lustspiele sticht. Die Verfasser beyder Stücke sind mir unbekannt.

Empfehlen Sie mich, so gut Sie können, oder mögen (denn, wenn Sie mögen, so können Sie auch) Ihrer Mademoiselle Schwester. Was vor eine Begierde habe ich nicht, dieses liebe Schwester- und Bruderpaar dereinstens wieder zu sprechen! Ein völliges Jahr ist verflossen, seit ich alles mein Vergnügen verlassen! Ich breche ab und erwarte Ihre baldige Antwort unter der aufrichtigen Versicherung, daß ich lebenslang verharre

Meines lieben Herrn Vetters

Onolzbach, gehorsamster

den 10. Oct. 1754. Uz.

Ist Ihnen nichts bekannt von einer Schrift [21]), welche die neue Aesthetik, oder so ungefähr betitelt wird, und alle berühmten deutschen Dichter durchziehen soll? Wenn Sie einige Nachricht davon haben, so theilen Sie mir dieselbe mit.

Ich warte sehr begierig auf die Fortsetzung Grandisons. [22]) Die 2 erstern Theile sind sehr schön und vielleicht wird Clarissa abgestochen. Henriette ist ein allerliebstes Mädchen, sie wird menschlicher, als Clarissa vorgestellt und gefällt dahero mehr. Dergleichen wünscht ich selber mir. Amen.

Lieber Herr Vetter,

Endlich ist es wieder ruhig in Anspach worden: Coburg hatte uns mit seiner unvergleichlichen Prinzeßin Lärm, Geschrey und Unruhe zugeschickt. Doch der Einzug ist vorbei: Ball, Masquerade, Jagd und alle die andern prächtigen Kleinigkeiten, die bey solchen Gelegenheiten gewöhnlich sind, haben ein Ende. Kurz, es ist wieder still. Aus anliegender Beschreibung des Einzugs werden Sie sehen können, daß er sehr schön anzusehen gewesen seyn müsse; und er war es auch. Wenn die Anstalten dazu nicht erst spät und da der Durchlauchtigste Erbprinz bereits nach Coburg abgereiset gewesen, wären gemacht worden; so würde ich Ihnen angelegen haben, hierher zu kommen und Alles selbst mit anzusehen.

Aber niemand hatte sich dergleichen vermuthet, und man hatte beständig gesagt, daß Alles ohne viele Pracht und Ceremonien zugehen sollte. Auf einmal sah man mit Erstaunen das Gegentheil, und alles lief wohl und in schönster Ordnung ab. Der Zulauf von Leuten aus ganz Franken war unbeschreiblich, und niemals sind mehr vornehme Personen in Anspach gewesen, als diesmal. Da von allen benachbarten Ständen Deputirte um Glück zu wünschen hier gewesen, so hat sich Nürnberg vor andern hervorgethan, das, wie man sagt, 1000 Lämmleins-Ducaten zum Hochzeit-Praesent überschickt hat. Von Coburg war niemand zugegen, den ich gekannt hätte. Da Sie daselbst gewesen, so wäre es Ihnen ein Geringes gewesen, mit Ihrem Herrn Schwager vollends hierher zu kommen. Ich und andere haben es in der That gehofft. Wenn Sie inzwischen gedacht haben: es verlohnte wohl der Mühe, um einiger Solennitäten willen nach Anspach zu reisen; so weis ich nichts darauf zu antworten. Denn Solennitäten sind freylich Solennitäten. Aber einen Freund hätten Sie doch durch Ihre Gegenwart glücklich machen können: scheint Ihnen dieses auch etwas geringes?

Ich bin froh, daß ich Ihnen einige Idee von dem hiesigen Empfang geben kann, ohne daß ich selbigen zu beschreiben, mir die Mühe geben darf. Können Sie sichs ebenso leicht machen, so schreiben Sie mir, wie es in Coburg zugegangen. Müssen Sie aber selbst beschreiben, so muthe ich Ihnen keine lange Beschreibung zu: denn was hätten Sie mir gethan, daß ich Sie martern sollte? An carminibus hat es vermuthlich in Coburg so wenig als hier gefehlt. Vielleicht schicke ich Ihnen gelegenheitlich ein und das andere von den hiesigen Geburthen: gelegenheitlich! Es würde sündlich seyn, wenn Postgeld für deren Transport gegeben würde.

Die Aesthetik in einer Nuß habe ich endlich bekommen.

Ein sauberes Werkchen! Ich habe mich bey deßen Durchlesung wechselsweise geärgert und gelacht. Denn es ist voller Schnacken. Die Vorwürfe, die einigen unserer Dichter gemacht werden wegen ihrer Schriften, scheinen mir oft nur gar zu wahr. Aber daß Haller, Gellert, Rost, Gleim persönlich herumgenommen und im Staub herumgezogen werden, ist unerträglich. Die Göttinger Zeitungen haben Gottscheden zum Verfasser angegeben. Aber dieser hat sehr klüglich in den Leipziger gelehrten Blättern dagegen protestirt, und ich glaube selbst, daß er nicht Verfaßer davon sey; obgleich er vermuthlich davon weis. Es ist eine andere Schrift, genannt: Ragout a la mode pp. [23]) herausgekommen, worinn Gottsched als angeblicher Autor des neologischen Wörterbuchs durchgezogen, und gezeiget werden will, daß in seinen Gedichten auch neologischer Brodem mit vielem Unsinn anzutreffen sehe. Eine überflüssige Arbeit: Wer glaubt heutzutage, daß Gottsched ein guter Dichter und nachzuahmen sey? Aber von Klopstocken, von Bodmern glauben es nur allzuviele. Male!

Ich erwarte die versprochene Critik meiner Gedichte und versichere Sie voraus, daß Sie mich dadurch auf's Höchste verbinden werden. Es ist durch meine Unachtsamkeit geschehen, daß Ihr Nahme in dem ersten Brief [24]) ausgedruckt worden, und ich bitte Sie deßhalb um Vergebung. Ich weis, daß meine Muse den Nahmen ihrer Freunde noch keine Ehre macht. Drum hab ich sie sorgfältig weggelassen. Meiner schönen Jungfer Baase küsse ich die Hände und erwarte Erlaubniß, den abgebrochenen Brief-Wechsel mit derselben wieder zu erneuern.

Fahren Sie fort, mich Ihrer Gewogenheit zu würdigen und auf meine Gesundheit zu trinken. Ich thue desgleichen als

Anspach, den 5. Dec. 1754.

Ihr aufrichtigst gehorsamster Freund und Diener
Uz.

Der Herr Herzog Anton Ulrich ist mit einem Prinzen erfreuet worden. Geben Sie mir Nachricht, was vor Festivitäten diese frohe Begebenheit an den Höfen derer Herren Agnaten verursachet hat. [25])

Werthester Herr Vetter!

Sie haben mich mit Ihrem letzten Brief nicht wenig erschreckt. Ich bin vor das Leben meines lieben alten Herrn Vetters besorgt, da Sie mir dessen Krankheits-Umstände so gefährlich beschrieben haben. Der Himmel gebe (das ist ein ansehnlicher Theil des Guten, so ich Ihnen und Ihrem ganzen Hause von Herzen anwünsche!) der Himmel gebe, daß Ihr Herr Vater auch diesen harten Unfall überwinden und noch lange leben möge! Sollte ein anders verfügt seyn, so werden Sie als ein Weiser sich zu fassen und dem Frauenzimmer mit gutem Exempel vorzugehen wissen. Ich wünsche und hoffe, daß die ansehnliche Stelle, die Er bekleidet, Ihnen dereinsten zu Theil werden, oder wenigstens auf andere Art bei der Familie bleiben möge. Gott wird alles zum Besten machen.

Sie reden von Unserm Prinzen, wie jedermann redet, der Ihn sieht. Er hat die Liebe Seines ganzen Landes, und die Durchlauchtigste Prinzessin nicht weniger. Sie wird von iedermann geehrt und angebetet. Ich sende Ihnen auf Ihr wiederholtes Verlangen, obgleich ungerne, diejenigen beyden Gedichte, welche ich auf hohen Befehl der Vermählung halber habe verfertigen müssen. Es sind Gelegenheits-Gedichte, obgleich die Gelegenheit schön gewesen. Man hat wenig Zeit und ich arbeite an allen solchen Lobschriften mit Zwang und Widerwillen. Der H. Geh. Minister v. Seckendorf, als Ober-Vogt, hat mir die Verfertigung des Einen aufgetragen und der Herr Minister von Bobenhausen die Cantate zu machen befohlen. Verse zu Tafel-Musiken zu machen, ist nun vollends eine betrübte Sache. Man muß den poetischen Geist gefangen nehmen, alles kurz und leicht geben, oder gewärtigen, daß der Componist Verse ohne Ordnung und Wahl wegläßt und das ganze Zeug verdirbt. Doch habe ich dieser Arbeit wegen eine große silberne Vermählungs-Medaille von 4 thlr. dann 2 kleinere güldene, iede vom

Werth eines Ducaten zum Praesent bekommen. Belohnung genug für eine solche Arbeit.

Es sind noch verschiedene Carmina bey dieser Gelegenheit allhier zum Vorschein gekommen, aber nicht der sechste Theil soviel, als in Coburg. In meinem Leben habe ich nicht so viele Glückwünsche gesehen. Schon gegen die 30 sind mir zu Gesicht gekommen: eine ungeheure Menge! Ihre Arbeit, lieber Herr Vetter, nimmt sich besonders aus und ist auch hier mit Beyfall gelesen worden. Ich mache Ihnen dadurch keine große Schmeicheley: denn ich weis, daß Sie was Bessers zu machen geschickt sind, als ein Gelegenheits-Gedicht.

Herr von Baar[26]) hat ein französisches Sinngedicht auf Hagedorns Tod gemacht, Gleim solches im Deutschen nachgeahmt und mir überschicket. Hier ist es:

Er ist nicht mehr, der liebenswürd'ge Dichter,
Der Menschenfreund, der Sittenrichter!
Die unerbittliche, grausame Parce schnitt
Des schönsten Lebens Faden ab.
Seht! seine Muse sitzt und weint auf seinem Grab:
Die Huldgöttinnen weinen mit.
Die Liebe seufzt und Bacchus spricht:
Mein bester Wein schmeckt mir itzt nicht!

Der Bacchus des Herrn v. Baar kann nur Wasser trinken. Welches gefällt Ihnen besser?

Der Verfaßer der Aesthetik in einer Nuß soll ein Advokat im Braunschweigischen seyn. Ich glaube es nicht

Mein Verdacht fällt auf den Herrn v. Schönaich. Was glauben Sie?

Leben Sie in diesem Jahr so glücklich als ich wünsche. Bleiben Sie aber auch ferner mein Freund: denn Ihre Freundschaft macht einen Theil von meiner Glückseligkeit. Ich bin mit der vollkommensten Hochachtung

Dero

Anspach, gehorsamster Diener
den 5. Januar. 1755. Uz.

Liebster Herr Vetter,

Ich hoffe, daß mein Brief Sie in einer ruhigern Gemüthsbeschaffenheit antreffen möge, als bisher gewesen. Ich denke nicht, daß es sich mit des Herrn Vaters Krankheit wird verschlimmert haben. Wann meine Wünsche etwas vermocht haben, so ist er außer Gefahr, und Sie außer Sorgen. Die Empfindungen, welche Sie in Ihrem letzten Schreiben bey dieser traurigen Veranlaßung geäußert haben, bringen Ihrem guten Herzen Ehre.

Niemand wird Ihnen Ihre bisherige trübe Gemüths-Verfaßung verargen: nur wünsche ich, daß sie sich auch zu rechter Zeit wieder aufklären möge. Sie sind ein Philosoph und werden sich auch bey dieser harten Prüfung also finden lassen. Ich habe an die Mademoiselle

Schwester geschrieben, um den Antheil, den ich an allen Begebenheiten des Grötznerischen Hauses nehme, dadurch an den Tag zu legen. Ich habe mein Schreiben ohnversiegelt hieher gelegt, damit Sie sehen mögen, was ich für Mittel zu Ihrem beyderseitigen Troste vorschlage. Ich übergebe den Bruder der Schwester und die Schwester dem Bruder, daß sie einander aufrichten. Etwas Beßres weis ich nicht vorzuschlagen:

Vive, vale: si quid novisti rectius istis,
Candidus imperti; si non, his utere mecum.

Ich sehe, Sie sind in der behörigen Verfaßung in Ansehung des väterlichen Amtes. Sie denken, wie ein Weiser. Werden Sie dereinstens damit bekleidet, so glaube ich, können Sie es mit Dank von der höchsten Vorsehung annehmen. Wo nicht, so dürfen Sie doch nicht nach Brod gehen und werden Ihr Glück (ob Sie gleich meines Erachtens keines weitern bedürfen) auf eine andere Art finden.

Die vorseyende Vermählung der ältern Coburg. Prinzeßin wird die dasigen Musen aufs neue in Bewegung bringen. Sie, mein lieber Vetter, werden allem Vermuthen nach auch Ihre Leyer wieder zurechtrichten müssen, welche durch die bisherigen Umstände doch wird ein wenig verstimmt worden seyn.

Das Urtheil Ihres ungenannten Freundes ist zu schmeichelhaft. Nur bin ich darinnen mit ihm einig, daß es mir in moralischen Gedichten noch am ersten gelingen

4*

könne. Aber zur Satyre glaube ich nicht genug Bosheit zu haben. Dürfen Sie mir den Nahmen dieses Freundes nicht entdecken?

Es denkt nicht iedermann so vortheilhaft von meinen Gedichten. In einer gewissen Berlinischen Zeitung werden sie sehr hämisch recensirt. Ich werde als eine sehr verliebte Seele vorgestellt, und man glaubt von mir, daß ich sehr viele Mädgen haben und auf reizende Griffe mich gut verstehen müsse. Erkennen Sie mich in diesem Bilde? Daß ich moralische Gedichte geschrieben habe, wird gar nicht erwähnt, obgleich diese wenigstens zwey Drittel meines Buches ausmachen mögen. Als eine Probe meiner Poesie und daß ich ein ganz mittelmäßiger Dichter sey, wird das kleine Gedicht an Amorn [27]) abgedruckt. Das ist alles, was von mir gesagt wird. Sie kennen mich zu gut, als daß Sie nicht glauben sollten, ich werde über solche Beurtheilungen nur lachen. Ich glaube, der Recensent ist ein Gönner der platonischen Liebe, und weil ich über dieselbe gespottet, so hat er mir etwas anhängen wollen. Er hat das Recht dazu. Jeder Narr, der mein Buch kauft, kauft sich zugleich das Recht, mich zu beurtheilen. Inzwischen wird es Ihnen sonderbar scheinen, daß ich vor einen zutäppischen Menschen gehalten werde, ich der keuscheste aller Dichter, die jemals geschrieben haben, Sie selbst nicht ausgenommen. Absque injuriandi animo dixerim!

Hr. Wieland hat eine kleine Schrift Daphnis drucken

laßen. Es ist mit lateinischen Lettern und so niedlich, als noch kein deutsches Buch gedruckt. Es ist ein kleiner Schäfer-Roman, nach Art des Heliodorus und läßt sich mit Vergnügen lesen.

Geben Sie mir bald Nachricht, ob Ihr Herr Vater gesund und Ihr Gemüth wieder ruhig sey. Ich kann nicht eher völlig ruhig werden. Ich bin mit unveränderter Zärtlichkeit

Meines liebsten Herrn Vetters

Anspach, Dero

den 22. Jan. 1755. gehorsamster

Uz.

Lieber Herr Vetter!

Ich habe etliche Wochen einen hölzernen Kopf gehabt, so übel haben mir Schnuppen und Catarrh mitgespielt. Kaum ward es ein wenig besser mit mir, als ich Fremde bekam, Studenten, deren unruhiger Lärm mich vollends aus meiner Ordnung brachte; und seit der Zeit habe ich gar keinen Kopf gehabt. Sie sehen hieraus, warum ich so lange nicht geschrieben und warum Sie jetzo, allem Vermuthen nach, einen unordentlichen trägen Brief erhalten. Ich hätte billig noch nicht schreiben sollen, bis mein Geist sich wieder völlig aushellet. Aber ich habe mich mit Ihnen und Gleim auf einen Fuß gesetzt, daß Sie keine zierliche Briefe, keine epistolas eruditas von mir erwarten. Ich schreibe, was mir in den Sinn kommt, und Sie sind so gütig, damit zufrieden zu seyn. Dieß ist ein hübsches Privilegium: ich muß es nicht durch Nicht=Gebrauch verjähren lassen. Aber an die Mademoiselle Schwester darf ich, bey meiner gegenwärtigen Gemüthsverfassung, auf Ihr allerliebstes Schreiben nicht antworten: Wir stehen leider! auf keinem so vertrauten Fuß zusammen, und ich muß mich besinnen, wie ich an dieselbe schreiben soll. Entschuldigen Sie also mich bey derselben. Lassen Sie mich zugleich wissen, ob es sich mit dem Herrn Vater völlig gebessert hat, wie ich hoffe: Sie werden mir Vergnügen machen, wenn ich höre, daß meine Hoffnung und meine Wünsche nicht vergebens gewesen.

Was Sie mir wegen einiger Veränderungen in der neuen Auflage meiner Gedichte schreiben, zeuget von Ihrer Freundschaft gegen mich sowohl, als von Ihrem richtigen Geschmacke. Ich beschwöre Sie, mit dergleichen Anmerkungen fortzufahren: wenn Freunde nicht einander critisiren, was kann man von Fremden erwarten? Ihre Anmerkung wegen des neuen Orakels [28]) ist richtig. Es ist mir schon von meinen hiesigen Freunden gesagt worden, daß sie die alte Art der neuen vorziehen. Ich muß also dieses Stück wohl noch einmal umarbeiten. Aber wie mache ichs, daß ich das Gute des neuen Stückes in das alte bringe? daß ich Fehler des alten Plans verbessere? Ich verzweifle beynahe, daß ich jemals ein regelmäßiges Stück daraus machen werde. Es ist endlich nicht viel daran verlohren: das ganze Ding ist eine Kleinigkeit.

In den Göttingischen gelehrten Zeitungen sind meine Gedichte recensirt worden, und zwar mit ziemlichem Beyfall. Da diese Zeitung zu der Klopstockischen und schweitzerischen Secte gehören, so ist es zu verwundern, wenn sie einen Schriftsteller loben, der anders gesinnet ist. Am wunderbarsten ist mir vorgekommen, daß sie meinen vierten Brief ausdrücklich billigen. 29) Ich habe dieses nicht gehoffet. Vielleicht hat er einige gute Wirkungen und trägt das seinige mit bey, Deutschland wieder klug zu machen. Wieland verschlimmert sich sichtbarlich. Wie Schade ist es, daß ein so vortreffliches Genie sich von dem schweitzerischen Unsinn anstecken lassen! Ich habe seine Briefe der Verstorbenen an die Lebendigen gelesen, und niemals habe ich mich mehr geärgert. Alles ist unnatürlich, gezwungen, rasend. Er erzählt uns die abgeschmacktesten Träume, daß ich lieber eine alte Frau die ihrigen erzählen hören, oder ein Feyen-Mährchen lesen wollte. Quo ruitis?

Sie haben doch den Grandison gelesen? Was für vortreffliche Mädchen sind seine Byron und seine Clementina! Doch die erste hat meine Liebe, und die andere, welche eine abergläubische Italienerin ist, hat nur mein Mitleiden. Das 5te Buch ist heraus und das 6te soll diese Messe nachkommen. Ich bin sehr begierig, auch dieses zu lesen.

Empfehlen Sie mich dem Herrn Altenfelder und Hr. Secr. Hommel. Ich denke mit Vergnügen und mit Zärtlichkeit an Römhild, an meine dasigen Freunde, an das löbl. Tobacks-Collegium, welches der Himmel stets aufrecht erhalten und segnen wolle! Soll ich niemals so glücklich werden, Sie und alle noch einmal zu sehen? Lieben Sie mich ferner. Ich bin unveränderlich

Dero

Anspach, gehorsamster

den 14. Apr. 1755. Uz.

Lieber Herr Vetter,

Er ist also gestorben, Ihr verehrungswürdiger Herr Vater! Ich vermische meine Thränen mit den Ihrigen, und beklage ihn, als den Vater meines Freundes, als das Haupt einer mir so lieben Familie, und als einen rechtschaffenen Mann. Ja, er war gewiß redlich! Aber es ist an Ihrem Orte leichter, redlich zu seyn, als dafür gehalten zu werden. Bey so vielen Factionen ist es unmöglich, einem jeden recht zu thun. Man wird nothwendig vielen misfallen müssen; und alsdann bleiben Lästerungen nicht aus. Aber die Zeit nimmt sich der Wahrheit an, und eine Stadt sieht, was sie an einem ehrlichen Mann gehabt, oft alsdann erst ein, wenn sie ihn verlohren.

Ihr seeliger Herr Vater war gewiß von einem sehr schätzbaren Charakter und Sie haben allerdings viel durch Seinen Tod verlohren. Sie glauben, daß ich Ihr Freund bin, und daß ich an Ihrer Betrübniß Theil nehme. Versichern Sie auch Ihrer Frau Mama und Mademoiselle Schwester dieses meines aufrichtigen Beyleids, und daß die Meinigen, welchen der Seelige aus meiner Erzählung bekannt ist, bey seinem Tode empfindlich gerührt worden. Gott erhalte Ihnen Ihre Frau Mama! Das ist unser allerseitiger Wunsch. Aber Sie müssen auch das Ihrige dazu beytragen. Sie müssen Sie mit Trost unterstützen, und, damit Sie solches thun können, müssen Sie sich erst selbst trösten. So angenehm es mir ist, daß Sie in meinen Gedichten etwas zu Ihrer Aufrichtung angetroffen haben, so gewiß ist es, daß Sie alles dieses in Ihrem Herzen noch beßer antreffen können

Tu frustra pius, heu, non ita creditum
Poscis Quinctilium Deos. [30])

Sie müssen gestehen, daß Ihnen Gott Ihren Herrn Vater sehr lange gelaßen.

J'en connois de plus malheureux,

und es sind bald dreissig Jahre, daß ich eines Vaters entbehren muß. Sie haben geweinet, Sie haben das Angedenken des Verstorbenen durch Ihre Verse (ich bewundere, daß Sie bey Ihren damaligen Umständen nur daran denken können, Verse zu machen, und noch mehr, daß Sie so gute Verse haben machen können) auf die künftigen Zeiten fortgepflanzet; Sie haben Ihrer Pflicht ein Genügen gethan. Lassen Sie nunmehr die Heiterkeit wieder in Ihre Seele zurückkehren. Zerstreuen Sie sich durch die Lecture. Nehmen Sie den neuen Meß-Catalogum in die Hände: vielleicht finden Sie ein und anderes, so Ihre Aufmerksamkeit von Ihrem Schmerz auf angenehmere Sachen lenket. Ich will Ihnen selbst erzehlen, was ich diesfalls gehöret habe.

Schönaich ist wirklich der Verfasser des neologischen Lexicons. Er ist von Leßing scharf getadelt worden und hat nunmehr auf diesen ein comisches Heldengedicht gemacht, welches die Geißel heißen soll. [31]) Auf Bodmern hat er die Bodmerias und auf Zachariä, der Gottscheden in einem Gedichte auf Hagedorns Tod empfindlich angegriffen, den Sieg des Mischmasches drucken lassen: lauter comische Heldengedichte! Vielleicht hat er auf den deutschen Hermann ebenfalls nur ein comisches Heldengedicht machen wollen, und seine Feinde haben es ausgelegt, als wenn er eine virgilianische Epopöe hätte machen wollen. Dieser streitbare Cavalier wird der deutschen Welt noch vieles zu lachen machen. Er hat sich an lauter furchtbare Gegner gewaget. Herr Rabener hat, außer dem vierten Theil seiner satyrischen Schriften, auch noch ein Feen-Mährgen vom ersten April [32]) drucken lassen, welches ich gelesen. Es ist ganz artig und hat hin und wieder viel Salz. Gottsched ist noch immer der Gegenstand des allgemeinen Spottes, wie die Nachrichten aus Leipzig versichern.

Genug davon! Lassen Sie mich bald wissen, daß Sie wieder ruhig sind. Ich wünsche Ihre Ruhe so eifrig, als meine eigene und bin mit unveränderlicher Hochachtung

Dero

Anspach, ergebenster Diener
den 13. May 1755. Uz.

Mein liebster Herr Vetter,

Bald werden Ihre Briefe mir verdrüßlich werden. Hätte ich das jemals glauben sollen? doch warum schreiben Sie mir auch seit einiger Zeit nichts, als traurige Nachrichten? Der liebe Herr Altenfelder! wie bedauere ich ihn und seine Familie! Er war ein redlicher Mann und mein Freund. Ich fürchte, ich fürchte, daß einer Stadt etwas übels bevorstehet, aus der nach und nach der Tod die rechtschaffensten Leute wegnimmt. Wie man sagt, daß die Störche aus einer geheimen Ahndung eine Stadt verlassen, die in Feuer aufgehen soll.

Morte auferuntur vndique extincti boni;
Quid fiet igitur? Quid? subibunt mali.

Die Tobacks-Gesellschaft wird nun ihrem Untergange nicht entgehen können. Der Herr Ober-Hofmeister von

Bodenhausen wird endlich froh seyn, einen Ort zu verlassen, wo Ihnen alle Bekannte, alle Gesellschaft abgestorben. Ich höre ungern, daß derselbe am Podagra darnieder liegt. Doch ich weis, daß er mit einer stoischen Gelassenheit dieses Uebel erträget und sich dasselbe in kurzer Zeit und mit guter Manier vom Halse schaffet. Versichern Sie diesen würdigen Herrn bey Gelegenheit, meiner fortdauernd unterthänigsten Ehrerbietigkeit.

Alles scheint nach und nach Römhild zu verlassen, was mir diesen Ort lieb gemacht. Alles scheint daran zu arbeiten, mich von den Banden, die mich an dasselbe fesseln, loszumachen. Sie, mein liebster Freund, werden bald der einzige Freund seyn, der mein Andenken nach Ihrer Stadt lenket: der einzige, aber auch der liebste! O wann der Himmel Ihre Hoffnung erfüllete und mich noch einmal in Ihre Arme brächte! Ich sehe freylich die Wege nicht, wie es geschehen könne; aber ich weis auch, daß es sehr viele Wege giebt, die ich nicht sehe. Ich will also nicht verzagen, weil Sie mich hoffen heissen. Mit welchem Vergnügen werden wir einander alles erzehlen, was wir nicht schreiben dürfen! denn das Papier ist freylich nicht allemal getreu und es giebt so politische Orte, wo alles zum Schlimmsten ausgelegt wird, und niemand für einen ehrlichen Mann gehalten wird, als der es nicht ist.

Es ist mir herzlich lieb, daß es wieder helle in Ihrer Seele zu werden anfängt. Sorgen Sie vor die Gesundheit

Ihres Geistes und Ihres Körpers und thun Sie dieses auch bey meiner lieben Jungfer Base, die, als von zärterem Stoff, auch mehr gelitten haben wird. Doch ich bin albern, daß ich Ihnen dieses empfehle, Sie lieben einander so sehr, daß Sie es von selbst nicht verabsäumen werden. Empfehlen Sie derselben und Ihrer Frau Mama den ehemaligen Römhilder, der nunmehr fern von jener angenehmen Trift weidet.

Diese Meße ist sehr fruchtbar an Scartecken und Streitschriften gewesen. Leßings 5ter und 6ter Theil nimmt sich unter diesmaligen Büchern aus. Seine Sara Samson ist sehr rührend und eines der besten deutschen Original-Stücke. Er schreibt eine gelehrte Zeitung zu Berlin, aber nicht die, wo ich so trefflich beurtheilet worden. Nein! er hat mich in der seinigen vortheilhaft recensiret. In dieser Zeitung ist das Schlachtfeld, wo er sich mit Gottsched und Schönaich herumgetummelt hat. Er wird hingegen von ihnen äußerst mishandelt. Der Gnißel (nicht Geißel, wie ich letzthin geschrieben), per Anagramma Leßing, ist eine förmliche Schmähschrift. Alles übertrift an Unsinn die Sammlung von 300 Sinngedichten, wo Leßing, Haller, Gellert auf's gröbste heruntergemacht werden. Glauben Sie nicht, daß diese ungezogene Art, zu streiten, dem guten Geschmacke so hinderlich, als den guten Sitten zuwider sei? Glücklich, wer nichts geschrieben, und weise, wer jezt nichts schreibt! Man mag schreiben, wie man will, so wird man beurtheilt, verhöhnt, beschimpft und mit Pasquillen beehrt werden. Ich habe dieß herausgekommene unsinnige Zeug alles gelesen; und es stößt mir ordentlich auf. Die Wahrheit, die zuweilen hier und da seyn möchte, wird von denen vielen Lästerungen und Grobheiten verdunkelt. Leben Sie wohl. Ich bin einmal, wie allemal

Dero

Anspach, getreuester Freund und Diener
den 20. Juny 1755. Uz.

Werthester Herr Vetter,

Sie haben lange nicht an mich geschrieben; nicht wahr, daß Sie es selbst bekennen müssen? Ich habe dieses zwar oft bemerket, ehe ich Ihren letztern Brief erhalten; aber allerhand Zerstreuungen und insonderheit ein Fremder, den ich im Hause hatte, hinderten mich, Sie zu erinnern. Ich hoffe nicht, daß Ihre Freundschaft gegen mich, wie Ihr Briefwechsel in's Matte fallen wird. Nein! ich fürchte dieses nicht; und ich schäme mich, daß ich diese Zeilen hingeschrieben habe, die einige mistrauische Furcht zu verrathen scheinen. Sie werden stets mein Freund bleiben. Sie können nicht unbeständig seyn, als bey Mädgen.

Doch, da ich von Mädgen rede; Herr Vetter, sind

Sie verliebt? Ihr Schreiben enthält so was finsteres, ein so unruhiges Wesen, das mich verdrießt. Sie reden von langer Weile: Mein Gott! was fehlt Ihnen? Warum beschäftigen Sie sich nicht mit angenehmen Dingen? Glauben Sie mir, kein Zustand ist unerträglicher, als eine gewisse Langueur, die alle Freude abgeschmackt macht. Bemühen Sie sich lieber, recht traurig zu werden und in Thränen zu zerfließen, als länger in solchem schmachtenden Zustande zu verharren. Verlieben Sie sich, das ist mein guter Rath, so wird es Ihnen an Thränen und Freuden, an Verzweiflung und Beschäftigungen nicht fehlen. So kommt doch Ihr Geist wieder in Wirksamkeit. Sie würden zu tadeln seyn, wenn die Aussicht in das künftige Ihre Unruhe verursachte. Denn Sie sind einer von den wenigen Glücklichen, die nicht Ursache haben, dem Glücke nachzulaufen. Genießen Sie Ihres Glückes bey Wein (Sie haben guten Wein) und Scherz und in den Armen eines Mädgens oder der Musen. Besuchen Sie mich: Sie sollen sehen, daß ich meinen eigenen Lehren folge, die Mädgen ausgenommen. Das macht es aber, weil die Mädgen nicht so leicht zu haben sind, als der Wein. Eine fröhlige Sorglosigkeit macht meinen Zustand angenehm, obgleich keine Lieder des Scherzes mehr aus meinem Munde erschallen, denn Sie können nicht glauben, wie ernsthaft und altklug meine Muse zu werden anfängt. Ich will Ihnen einmal eine Probe davon überschicken.

Ich hoffe noch immer, die Nachricht zu erhalten, daß mein Freund Amtmann ist. Sie werden zwar Hinderniße finden, aber auch überwinden. Die Gesinnungen des Coburg. Hofes gegen Sie können nicht anders, als endlich nützlich seyn, wenigstens Ihnen Ehre machen.

Da Ihnen Grandisons Mündel, die verliebte Jervois so wohl gefällt; so wird Ihnen der sechste Theil desto angenehmer seyn, je eine größere Rolle sie darin spielt. Sie haben ihn doch gelesen? Er handelt von einer angenehmen Sache, nehmlich der Hochzeit der Byron; reicht aber nicht an die Vollkommenheit der erstern Theile, weil er mit allzuvielen Kleinigkeiten angefüllt ist. Der 7te Theil wird, wie man sagt, wieder lebendiger, weil Clementine wieder auf die Scene kommt. Bald wird uns die Meße Neuigkeiten genug bringen, und alsdann ein mehreres. Zachariä hat seine Tagzeiten, nach dem Muster der Jahrzeiten von Thompson [33]), drucken laßen.

Leben Sie wohl. Ich bin mit unveränderlicher Zärtlichkeit

Dero

Anspach, den 18. Sept. 1755.

gehorsamster Uz.

Lieber Herr Vetter,

Sie sind mir ein allerliebster Dichter! Ich danke Ihnen für Ihren schönen poetischen Brief. Er ist witzig und was mir noch mehr daran gefällt, er ist aus dem Herzen geflossen. Die Freundschaft ist Ihre Muse gewesen und ich bin stolz, daß ich der Gegenstand bin. Wenn ich wieder poetisch werde, denn ich bin ganz unpoetisch worden, so will ich Ihnen antworten, so gut ich nehmlich kann.

Aber wohin haben Sie gedacht, wenn Sie mich in Würden und Ehren und gar bey den Thronen der Fürsten suchen? Wenn Sie mich einmal verlieren, so bitte ich Sie, mich an einem andern Orte zu suchen, als da, wo ich niemals seyn werde. Doch Sie kennen mich allzuwohl, als daß Sie in diesem Punkt selbst geglaubet, was Sie geschrieben haben. Zum guten Glücke für mich, bin ich überzeuget, daß ich keines glänzenden Ranges bedarf, um Ihr Freund zu seyn. Sie denken als ein Philosoph, und leben als ein Dichter bey Wein und Mädgen. Sie haben in der That, wovon wir andern Poeten oft nur singen. Gott segne es Ihnen! Wenn Sie sich unvergnügte Stunden machten, so würde ich böse auf Sie seyn. Denn gewiß Sie können keine gültige Ursache dazu haben.

Diese Leipziger Meße haben wir wenig Witziges bekommen. Fast halte ich die Schrift eines Juden über die Empfindungen für die beste unter allen. 34)

Ich habe des Herrn Zachariä Tagzeiten gelesen; er

ahmt Kleisten und Thomson sehr stark nach; erreicht aber keinen von Beyden. Er bedient sich der Hexameter und der neuen schwülstigen Schreibart, ob er gleich nicht dazu gebohren scheinet. Ich bedaure ihn, daß er von der Bahn abgewichen, die er in seinem Renommisten und Verwandlungen betreten. Er würde auf derselben weit gekommen seyn. Doch sind sehr schöne Stellen in seinem Gedichte und der Druck nebst den Kupfern sind ungemein prächtig. Haben Sie die Ankündigung einer Dunciade für die Deutschen gelesen? [35]) Sie ist voll Hitze, voll Bitterkeit, wider Gottsched und Schönaich und alle diejenigen, welche nicht Klopstocken, Bodmern und Wielanden für die größten deutschen Dichter halten. Man droht, daß man uns, die wir entweder über den neuern Geschmack ein Mißfallen geäußert, oder auch nur deßen uns nicht angenommen haben, auch in die Länge nicht mehr schonen werde d. i. wie ich es auslege, ebenfalls schimpfen werde. Meinethalben mögen sie schimpfen: ich hänge mich gewiß nicht auf, wenn ich etwa mit Koth geworfen werde. Ich tröste mich, daß man allgemach anfängt, die Augen aufzuthun, und das Verderben des Geschmackes zu beherzigen. Selbst die Göttinger Zeitungen, welche sonst dem schweitzerischen Geschmack ganz ergeben gewesen, fangen an, die Sprache zu verändern.

Es ist ein Roman, der Ehestand genannt, herausgekommen, welcher von einigen meiner Freunde gerühmt wird. Ich habe noch nicht Zeit gehabt, ihn zu lesen.

Aber das comische Heldengedicht des Voltaire, welches Pucelle d'Orleans betitelt ist, und heimlich herausgekommen, habe ich gelesen. Dieses Gedicht ist des Feuers würdig und der Dichter verdient den Strang. Nirgend habe ich bey der schönsten poetischen Schreibart und bey einer Menge der feinsten und witzigsten Einfälle so viel Irreligion und Libertinage angetroffen. Die Heiligen sind seine lustige Personen. Der Verfaßer darf sich in acht nehmen; wenn ihn die Inquisition beym Ohr erwischt, so möchte er garstig wegkommen.

Denken Sie doch! Mein erster Verleger Weitbrecht will meine Gedichte neu ediren, ob ich ihm gleich, als er um Vermehrung geschrieben, solches glatt abgeschrieben und geweigert, einigen Theil an seiner neuen Auflage zu nehmen. Demohnerachtet fährt er damit fort und hat mir zur Probe der Vignetten 5 Stücke, welche zum Sieg des Liebesgottes kommen sollen und von großer Schönheit, trotz Pariser Kupfern sind, überschicket. Die Auflage soll sehr sauber und prächtig, vermuthlich auch sehr theuer werden. Ich habe damit nichts zu thun, als daß ich dem Verleger die Druckfehler und einige wenige Veränderungen anzeige, bloß in der Absicht, um zu verhindern, daß nicht, wie mir gedrohet worden, andere der Ausbesserung sich anmaßen, denen ich nicht dafür danken würde. Mein hiesiger Verleger hat übrigens diesen Nachdruck sich selbst zugezogen, weil er einen so schlechten Druck geliefert hat. Dennoch hat er keinen Schaden, indem er 1000 Exemplare à 1 rh. das Stück drucken laßen und schon weit über die Hälfte davon verkauft hat.

Bringen Sie die Feyertage fröhlig zu, mein lieber Herr Vetter, und schließen das Jahr glücklicher, als Sie es angefangen haben. Bleiben Sie mein Freund: denn ich werde stets der Ihrige seyn und mit wahrer Hochachtung jederzeit verharren

Dero

Anspach, gehorsamster Diener

den 18. Dec. 1755. Uz.

Wir haben den 9. Nov. gegen 3 Uhr einige Stöße von einem Erdbeben gehabt, die aber nicht so fürchterlich und verderblich gewesen, als zu Lissabon und Lima. Denn die Erdbeben scheinen nur den reichen Städten gefährlich zu seyn. Hat Römhild nichts empfunden?

Lieber Herr Vetter,

Ich danke Ihnen für Ihr schönes Neujahrs-Lied! Der Himmel gebe, daß es an Ihnen und mir erfüllet werden möge! Ich weis, daß es aus gutem Herzen geflossen. Aber was machen Sie denn? Wie befinden Sie sich? Sind Sie noch nicht Amtmann? Was zum Henker! ist Ursache, daß die Erfüllung meiner Wünsche so lang außen bleibt? denn Sie müssen Amtmann werden: das ist bey mir eine ausgemachte Sache, und ich will denjenigen sehen, der es Ihnen streitig machen soll. Aber es scheint, sie wollen in Römhild die Aemter gar nicht mehr besetzen.

Es ist schon lange, daß ich die Gnade gehabt habe, der Frau Ober-Schenkin von Altenstein aufzuwarten. Sie hat mit vieler Achtung von Ihnen gesprochen, mein lieber Herr Vetter, und mir insonderheit angerühmet, daß Sie ihr mit guten Büchern an die Hand gegangen. Sie besitzt sehr viel Geschmack und schreibt in Prosa und Versen so schön, als noch kein deutsches Frauenzimmer geschrieben und wenige Mannspersonen schreiben. Sie ist überhaupt eine vortreffliche Dame und eine Zierde unseres Hofes. Empfehlen Sie mich der Gnade ihres würdigen Herrn Papa, wenn Sie anders noch in Römhild sind. Doch ich glaube, der Herr Oberhofmeister verlassen diesen Ort niemals.

Sie schreiben mir, daß Sie gerne wieder einmal was neues von mir lesen möchten. Allein, liebster Freund, ich dichte sehr selten. Ich muß Ihnen dahero eben die Antwort geben, welche ich letztens einem entfernten Freunde gegeben, der mich gefraget, ob ich keine Oden mehr mache: die lyrische Muse und die Canzley schicken sich schlecht zusammen, und wenn man sich den Tag über mit Bauern oder Juden müde geschrien und stumpf geschrieben hat, so läßt sich's nicht gut pindarisiren. Ich habe doch vor einiger Zeit ein kleines Lied zur Musik gemacht. [36])

Ich hätte fast Lust, Ihnen die Musik mitzuschicken, die von dem hiesigen Capell-Meister Mayer ist. Können Sie sichs doch vom Cantor in Römhild vorsingen laßen! Lesen Sie diese Abbildung Amors, statt einer vorläufigen Antwort, Ihrer Mad. Schwester vor; aber sagen Sie ihr zugleich, daß dieß nicht mein Amor, sondern der Amor Ihres Herrn Bruders und anderer Vögel seines gleichen sey.

Ich erwarte die nächste Meße mit Ungeduld, die uns, wenn Gott will, mehr Gutes zu lesen geben wird, als die vorige. Diesen Winter über habe ich wenig gescheidts von Neuigkeiten gelesen. Was mir am besten gefallen, ist ein aus dem englischen übersetzter Roman, der Ehstand genannt. Es ist in Fieldings [37]) Geschmacke und voll wohlgezeichneter Originale, satyrischer Züge und witziger Einfälle. Laßen Sie sichs auf mein Wort kommen, und schreiben mir sodann Ihre Meinung. Wenn ich Sie nur selbst einmal wieder sprechen könnte! Wie viel habe ich Ihnen zu sagen! Itzo sage ich Ihnen weiter nichts mehr, als daß ich unverändert bin

Dero

Anspach, gehorsamster Diener
den 19. Febr. 1756. Uz.

Lieber Herr Vetter,

Was zum Henker ficht Sie denn an, daß Sie mir in Ihrem letzten Briefe so ernsthaft Lection über die Freude geben, als wenn ich keine lyrische Gedichte geschrieben hätte? Haben Sie vergessen, daß ich selten melancholisch bin, und auch keine melancholische Freunde suche? Ich habe mich seit meiner Abreise nicht so geändert, daß ich Wein und Mädgen verachten sollte. Wenn ich dereinst so denken könnte, so mögen Sie nur auf ein Leichen-Carmen auf meinen seeligen Tod gedenken: denn ich würde nicht lange mehr leben. Ich bin noch immer der aufgeräumteste unter meinen Freunden, und zwar, welches Sie von sich nicht rühmen können, mein ruhmräthiger Vetter, ununterbrochen. Machen Sie sich immer lustig! Trinken Sie, küßen Sie, und schreiben Sie mir ferner, daß Sie getrunken und geküßet haben. Ich thue es auch, wenn ich kann und werde es mit Hülfe der Götter noch länger thun. Aber wenn Sie mir von Ihren Liebeshändeln schreiben, so müßen Sie mir erlauben, daß ich mich darüber lustig mache. Alles Verboth, alle boshafte Rache würden mich nicht abhalten, über einen solchen Flatterer zu scherzen. Wenn ich Ihnen prophezeye, daß Sie einmal gefangen werden würden, ehe Sie sichs versehen, so habe ich es in meinen Büchern also gelesen und sie werden mich nicht anlügen. Gott weis, ob Sie mir auch Ihre verliebte Schmerzen, Ihr Wimmern und Girren dereinst, wenn Ihre Stunde kommt, anvertrauen werden, wie Sie nunmehr Ihre Küße mir anvertrauen. Und soviel auf Ihren Sermon!

Die Nachricht von Ihrer Mad. Schwester Verheyrathung mit Ihrem Coburger Spiesgesellen ist in der That, wie Sie vermuthet haben, keine Neuigkeit für mich gewesen. Wie ich noch in Römhild gewesen, habe ich und jedermann solches vorhergesehen. Herr Bürgermeister Gruner verdient in allen Absichten, daß er Ihr Schwager werde. Diese Ehe wird glücklich werden, weil eine gegenseitige Zuneigung davon der Grund ist. Und da ich an allen glücklichen und unglücklichen Begebenheiten, die sich in Ihrer werthesten Familie zutragen, aufrichtigen' Antheil nehme, so werden Sie glauben, daß ich es auch dießmal thue. Ich bitte Sie, Ihrer Mad. Schwester, die ein Recht hat, stolz zu seyn, meine Freude in den zierlichsten Ausdrückungen zu bezeugen. Ich würde es selbst thun, wenn es nicht zu spät wäre, Ihren Neujahrswunsch erst itzo zu beantworten. Wenn ich überhaupt merken können, daß Sie mit so vielem Vergnügen an mich geschrieben, als ich an Sie, so würde unser Briefwechsel nicht unterbrochen worden seyn. Aber Sie hat jetzt beßere Briefe zu beantworten. Mein Scherz und mein plauderhafter Tand ist eine sehr entbehrliche Sache für Sie gewesen. Sie, Herr Vetter, will ich noch so lange damit beschweren, bis Sie mich merken lassen, daß Sie deßen endlich überdrüßig sind. Man redet itzt von nichts, als von dem Krieg. Alle Gesellschaften werden dadurch verdorben; und wenn es so fortgeht, so mache ich endlich eine Satyre auf den Krieg. Ich bin gewiß, daß Sie gleiche Klage führen werden: denn Römhild ist überhaupt ein gar politischer Ort.

Meinen Sie nicht, daß durch den Preußischen Ueberfall in Leipzig die Musen verscheucht worden? Aber die Bücher werden doch die Meße diesmal wie sonst verherrlichen. Ehrgeitz, Schmähsucht und Hunger, die großen Ursachen so vieler Schriften laßen sich nicht von dem Gott des Kriegs irre machen. Hören Sie was neues, so laßen Sie michs wißen, und leben Sie wohl. Ich bin mit unveränderter Hochachtung

Dero

Anspach, gehorsamster Diener

den 4. Oct. 1756. Uz.

Lieber Herr Vetter,

Sie sind ein Advocat d. ist, einer von den rechtschaffenen Leuten, die uns den Rock vom Leib herab disputiren können. Man sieht es aus Ihren Briefen. Sie haben allemal Recht, wenn Sie auch zehnmal Unrecht haben! Aber damit ich Ihren Strafpredigten ausweiche, schreibe ich, wie mir däucht, ganz fleißig. Wenn ich aber auch nicht schreibe, so denke ich doch an Sie und es geht mir, wie der ehrlichen Frau in unserm Gaßenlied, das sich in einer Strophe mit den Worten schließt: mich dünkt, ich stünd bey dir.

Ich habe in den Zeitungen gelesen, daß die Husaren bis nach Meinungen gestreift haben. Behüte Gott, so nahe bey Römhild! Wenn sie nur nicht einmal Ihren Wein oder gar Ihr Mädgen abhohlen! Wie gut wäre es Ihnen itzo, wenn Sie noch von den Flügeln des Reichs-Adlers auf eine besondere vorzügliche Art bedeckt und von unsern Waffen beschützt würden! Wenigstens, glaube ich, sollten die Husaren nicht viel Wein übrig gefunden haben; aber Mädgen wohl: denn diese sind vor uns sicher gewesen, wie Sie wißen.

Leßings theatralische Bibliothek ist sehr angenehm zu lesen, insonderheit die beiden erstern Theile, da hingegen in dem 3ten Theile eine Uebersetzung einer critischen Abhandlung von der alten Declamation steht, worin viel gutes, aber nur für wenige Leser enthalten ist. Auf künftige Meße soll der 4te Theil herauskommen, und ein neuer Theil seiner Schriften. Leßing ist dermalen Hofmeister bey einem jungen Richter in Leipzig, mit welchem er auf Reisen gehen wird. Von philosophischen Gesprächen in Versen, die ihm zugeschrieben werden, ist mir nichts bekannt, aber wohl dieses, daß anfangs geglaubt worden, daß er die zu Berlin herausgekommenen philosophischen Gespräche, die aber prosaisch sind, sowohl als die Gespräche über die Empfindungen gemacht habe. Doch diese beyde Schriften sind von einem jungen Juden, der in Berlin der Handlung nachgeht und beyde sind ungemein schön und scharfsinnig geschrieben.

Gellert wird geistliche Lieder herausgeben; alsdann werden die Mädgen anfangen, lauter geistliche Lieder zu singen.

Sie aber, mein lieber Vetter, hören nicht auf, mich zu lieben, Amtmann oder nicht Amtmann, das ist mir einerley, wenn es Ihnen einerley ist. Denn ich bin Ihr Freund, und nicht der Freund Ihres Titels, und bin mit wahrer Hochachtung

Dero

Anspach, gehorsamster Diener
den 28. Mart. 1757. Uz.

Lieber Herr Vetter,

Sind Sie wieder böse, daß ich so lange nicht geschrieben? Aber vergeht einem nicht alle Lust in solchen elenden Zeiten die Feder in die Hand zu nehmen, oder wohl gar zu scherzen? Sie haben vermuthlich auch ziemlich leise gehorcht, da der fürchterliche Mayer so nahe bey Ihnen herumgeschwärmt; wollte Gott, daß dieses alles wäre, was wir zu befürchten haben! Ich bin ganz verdrüßlich. Wer nur einige Liebe zu seinem Vaterlande hat, kann nicht gleichgültig bleiben. Ich wollte, daß ich mit Ihnen in der Sommerstube eine Pfeife Toback rauchen könnte! Wir würden einander den Unmuth vertreiben.

Inzwischen, da alles mit Krieg und Streit befangen ist, habe ich auch meine poetischen Waffen angelegt und bin wider Wielanden zu Felde gezogen. Der inliegende Brief wird es Ihnen zu erkennen geben. Dieser rasende Mensch kann mir nicht vergeben, daß ich der Schweitzer gespottet und ihn nicht bewundern will. Er hat den Orthodoxen einen Kunstgriff abgelernt, seinen Gegner anzuschwärzen. Er macht aus seiner Sache eine Sache der Tugend und der Religion und hetzt sogar die Theologen auf; und wider wen? Wider die armen Dichter, die ihren Wein und ihr Mädgen besingen. In seinen Sympathien [38]) stürmt er auf sie los, als wären sie die ärgsten Buben und in seinen Empfindungen eines Christen setzt er seine Raserey fort. Anakreon, Chaulieu, Hagedorn, Gleim, alles ist seinem Schwärmergeist zuwider. Aber mich verschont er am wenigsten. Und da er also hauptsächlich sich an mich wendet, als hätte ich nichts, denn Weinlieder gesungen, so habe ich mich auch für verbunden geachtet, ihm statt aller zu antworten. [39]) Ich habe diesesmal noch ernsthaft mit ihm geredet. Denn ich habe mehr in der Absicht meinen Brief aufgesetzt, das Publikum in den Stand zu setzen, selbst zu urtheilen, als Wieland zu bekehren. Ich bin überzeugt, daß er und alle Zürcher nur desto heftiger auf mich losstürmen werden. Aber ich lache ihres Zorns. Wenn sie gar zu grob werden, so wird es mir leicht fallen, sie zu bestrafen.

Es ist nichts leichter, als diese Leute lächerlich zu machen. Ich erwarte Ihr Urtheil über meine Vertheidigung. Glauben Sie nicht, daß dieser Streit Sie nicht angehe. Sind Sie nicht auch ein Sardanapalischer Dichter, wie der listige Wieland die Anakreontischen Poeten in seinem Zorn nennt?

Ich danke Ihnen für die Nachrichten von Besetzung Ihrer erledigten Bedienungen. Dieses schwere Werk ist also einmal geschehen. Ich wünschte wenigstens, daß die neuen Bedienten lauter Leute wären, die sich Ihrer Freundschaft würdig machten. Wenn Sie gleich nicht Amtmann sind, so sind Sie doch Grötzner; und der ist mehr werth, als alle Amtmänner in der Welt. Sie müssen ein himmlisches Leben haben! wenig Arbeit und viel Vergnügen, guten Wein und — — artige Mädgen? So gar viel eben nicht. Aber Sie setzen sich auf Ihren Gaul und suchen sie auf. Ich bin versichert, daß auf viele Meilen in der Runde herum Ihnen keine Schöne unbekannt ist. Ich wollte nur, daß dieser flüchtige Geist sich einmal fesseln ließe. Vielleicht ist es schon geschehen. Aber ich sage Ihnen, daß ich nicht der letzte seyn will, dem Sie es bekannt machen. Wenn die Hochzeit-Briefe ausgeschickt werden, muß ein Freund nicht erst dergleichen wichtige Neuigkeiten erfahren. Empfehlen Sie mich dem Herrn Secr. Hommel; wie gut bin ich ihm! Belustigen Sie sich unter einander und trinken Ihren Wein in

Ruhe, indeßen andere Menschen einander umbringen. Lieben Sie mich; denn ich bin unverändert

Dero

Anspach, den 31. Jul. 1757.

gehorsamster Diener
Uz.

Lieber Herr Vetter,

Kann man denn an Sie schreiben? Hat der Krieg nicht alle Zugänge zu Ihnen besetzt? Das arme Römhild! Hat es seine Erdbirne nicht in Ruhe essen können und ungebetene Gäste dazu bekommen? Ich höre, daß das Spital in Ihrer Nachbarschaft ist oder gewesen: was für eine Nachbarschaft für Sie! Schreiben Sie mir doch Ihren Zustand, und ob Ihnen noch ein Tropfen Weins schmeckt unter dem Geräusche der Waffen. Fast glaube ich, daß er Ihnen noch schmeckt, wenn ich Sie anders recht kenne. Der Himmel bewahre Ihnen Lyäen und Ihre Mädgen. Alsdann möchte Ihnen das andere wohl ziemlich gleichgültig sein. Es ist freilich noch die Frage, ob ein Weiser, dessen Landsleute so närrisch sind, daß sie sich selbst umbringen, oder doch arm machen, ihrer Thorheit wegen sich die Annehmlichkeit des Lebens entziehen soll. Wer kann es von ihm fordern? Ein anderes wäre es, wenn die Soldaten ihm den Wein aus dem Keller führten:

alsdann könnte er freylich nicht trinken. Aber der Himmel wird Sie vor diesem Leidwesen bewahren. Unsere Zeiten sind zu gesittet. Aber bey dem allen sind wir Deutsche doch große Narren. Wie wird die Nachwelt, wie wird die Geschichte von uns reden! Ich werde im Ernste böse, wenn ich diesem Gedanken nachhänge. Genug! Schreiben Sie mir Ihre gegenwärtigen Umstände und wie Sie sich drein finden. Sie sind glücklich! Ja Sie sind glücklich auch ohne das Amt, das ich Ihnen zugedacht hatte. Wenn sich trübe Wolken von neuem über Ihrem so kleinen als unruhigen Staat zusammenziehen, so können Sie von ferne zusehen und lachen, in so fern ein guter Bürger über das Elend seines Vaterlandes lachen kann.

Der Leipziger Meß-Catalogus hat ein so betrübtes Ansehn, als Leipzig und Sachsen selbst. Wenige Bücher und fast gar keine, die durch eine besondere Güte sich merkwürdig machen. Die moralischen Erzehlungen von Pfeil, dem Verfasser des Gr. von P. [40]) werden hochgeschätzt. Die abscheuliche Pucelle von Voltaire ist nunmehr in 16 gedruckt und uncastrirt. Mann und Buch verdienen das Feuer und der Verleger auch. Baumelle soll Voltairen diesen Streich gespielet und ein vollständiges Exemplar beygeschaffet haben. Ob Wieland oder ein anderer etwas wider mich zusammengeschmieret, weis ich zur Zeit noch nicht. Er wird meinen Brief schwerlich unbeantwortet laßen. Gleim ist ebenso erzürnt über ihn, als ich seyn kann; und wenn der Krieg nicht wäre, so, glaube ich, hätte er schon über den Narren sich hergemacht. Aber weder er, noch ich haben nöthig, eine Feder wider Wielanden anzusetzen. Ich bin auf die stattlichste und rühmlichste Art vertheidigt worden. Wißen Sie wo? In der Bibliothek für die Liebhaber der schönen Wißenschaften.[41]) Kennen Sie dieses Journal, das in Leipzig herauskommt? Es sind drey Stücke davon herausgekommen. Die Verfasser halten sich noch verborgen; aber Leßing arbeitet daran. Eine sehr feine gründliche Critik herrschet durchgehend in allen Artikeln. Die Satyre ist beißender, als alles, was von dieser Art geschrieben. Wehe den kleinen Liederdichtern, die ihnen unter die Hände fallen! Die Verfasser haben Wieland ungemein erniedriget und seine eigenen Freunde in Leipzig misbilligen sein Verfahren gegen mich. Ich bin gerächt! Nun mag er schimpfen, so lang er will. Die Welt, eine Wochenschrift aus dem Englischen übersetzt, ist schön; aber die Frau, ein deutsches Original, ist zuweilen erbärmlich. Man wird ihrer so überdrüßig, als wäre es unsere eigene Frau. Ich wünsche bald einen Brief von Ihnen zu lesen. Ich kann nicht sagen, daß ich ihn durch meine Geschwindigkeit im Antworten verdiene, aber ich wünsche ihn doch. Schreiben Sie immer, wenn Sie eben nichts Beßeres zu thun haben. Lieben

Sie mich: denn ich bin unverändert und mit beständiger Hochachtung

Dero

Onolzbach, gehorsamster Diener
den 24. Oct. 1757. Uz.

Lieber Herr Vetter!

Ich habe lange nicht an Sie geschrieben, aber ich würde noch nicht schreiben, wenn Sie mir nicht so lieb wären. Möchte Ihnen doch der Anfang dieses Jahres glücklicher gewesen seyn, als mir! Ich habe viel verlohren.[42]) Mein Verlust ist unersetzlich und hat die Freude von mir gescheuchet. Ich will Sie nicht mit meinem Schmerz unterhalten. Ich habe hier ohnehin oft genug Anlaß dazu. Gellert, dessen Freund und Schüler der Verstorbene gewesen, hat auf die erhaltene Nachricht von seinem Tode einen der kläglichsten Briefe anhero geschrieben. Der rechtschaffene Mann ist noch immer krank und hält sich auf einem Dorfe bei Weißenfels auf, wo er schon viele Monathe und auch während der Schlacht in diesen Gegenden sich aufgehalten. Seine Kräfte sind hin und seine reitzende Muse wird so leicht nicht wieder singen. Was für einen Zeitpunkt haben wir für die Dichtkunst zu erwarten, wenn die wenigen Augen sich schließen, die das wahre Schöne kennen! Der falsche Geschmack breitet sich aus, und die Jugend ist aller Orten damit angesteckt.

Nos nequiores, mox daturos
Progeniem vitiosiorem. [43])

Vielleicht macht meine dermalige Schwermuth, daß ich alles von der schlimmern Seite ansehe. Leßing, von dem der Parnaß noch viel hoffen kann, wird nächstens wieder ein Paar Bände ediren, denn er hat seine Anfälle der Faulheit und des Fleißes.

Vielleicht bekümmern Sie sich bei diesen kriegerischen Zeiten nicht soviel um die stillen Musen. Sie müßen von den Soldaten, die in Ihrer Nachbarschaft und selbst in Ihrer Stadt liegen, ganz soldatisch werden. Ich bedauere Sie. Ich möchte aber doch wißen, wie Sie sich darein schicken. Schreiben Sie mir Ihren Lebenslauf und ob Sie noch fröhlig trinken. Wider alle betrübten Zufälle dieses Lebens ist doch kein bewährteres Mittel, als mit einem Freund sich erfreuen. Schreiben Sie mir bald. Laßen Sie michs empfinden, daß ich noch einen Freund habe, ob ich gleich einen verlohren habe. Die Zahl unserer Freunde nimmt immer ab. Einer nach dem andern schmilzt weg und wir bleiben allein. Aber Sie haben noch Ihre Coburger Freunde, mit denen Sie sich manchen fröhligen Tag machen können. Ich erfreue mich über dieser lieben Familie Wohlergehen und bitte, mich derselben zu empfehlen.

Klopstock hat geistliche Lieder herausgegeben, die mir nicht gefallen. Er hat viele unserer Kirchenlieder, anstatt sie zu verbessern, verschlimmert. Es ist schwer, das Gesangbuch wahrhaftig zu verbessern, ob es gleich zu wünschen wäre. Gellert hat mit seinen Liedern nicht soviel Beyfall gefunden, als er, wie ich glaube, verdient. Wenn er gleich das lyrische Feuer nicht hat, so ist doch ein gewißes rührendes Wesen in seinen Gesängen, das zur Erbauung sich wohl schickt. Cramers Lieder, die mit nächstem herauskommen sollen, werden mehr Schmuck der Poesie, aber weniger Empfindungen haben. [44])

Ich bin nicht aufgelegt, dießmal mehr zu schreiben. Ich weis auch nichts. Schreiben Sie mir bald. Ihre Briefe können mir niemals so angenehm gewesen seyn, als sie mir dermalen seyn würden. Ich bin mit unveränderter Zärtlichkeit

Dero

Anspach, den 28. Jan. 1758.

gehorsamster Diener
Uz.

Lieber Herr Vetter,

Ohne mich wegen meiner bisherigen Faulheit zu entschuldigen, schicke ich Ihnen das von mir verfertigte Trauergedicht auf meinen lieben Cronegk. Er hat meine

Freuden großentheils mit in das Grab genommen, ohnerachtet er sich bemühet hat, mir auch nach seinem Tod ein Vergnügen zu machen. Er hat von seiner weitläuftigen Bibliothek mir den dritten Theil vermacht und verlangt, daß solche verauctionirt werden müßte. Ein Drittel des Geldes hat er den Armen legirt und das letzte Drittel dem Geistlichen, der ihn in seiner ersten Jugend erzogen. Ich habe den Catalogum verfertigen und die Auction mitbesorgen müssen. Ein Haufen Arbeit! Er ist der Verfasser des Codrus, einer Tragödie, welcher von den Verfassern der Bibliothek für die schönen Wissenschaften der Preis ertheilt und die im Anhang gedruckt worden. Er würde der Corneille der Deutschen geworden seyn, wenn er nicht so jung gestorben wäre. Er war in allen Absichten ein außerordentliches Genie, wie zum Theil aus der Sammlung seiner Gedichte, die er mir aufgetragen, erhellen wird. Sein Vater ist der General des fränkischen Creises und er war Hof-Rath und Cammer-Junker. Nur noch einen besondern Umstand will ich bemerken und alsdann von dieser verdrüßlichen Materie aufhören. Derjenige junge Edelmann, welcher das Trauerspiel: der Freygeist verfertigt hat, und um den Preis concurriret hat, ist ebenfalls gestorben, da er, wie Cronegk seinen Vater besuchte. Er soll ebenfalls ein treffliches Genie und das beste Herz gehabt haben. Was für ein Verlust für Deutschland! [45])

Ich habe nicht viel merkwürdiges von der letzten Meße

erhalten. Außer den scherzhaften Liedern von Herrn Weisen[46]) in Leipzig, weiß ich nichts besonderes. Aber diese werden Ihnen gefallen haben. Sie gehören unter die guten Lieder. Neue Widersacher habe ich wohl bekommen; und derselben Angriffe werden Sie gesehen haben. Herr Dusch[47]) will den Schweitzern auf meine Unkosten ein Compliment machen, und sie haben ihm doch bey allen Gelegenheiten äußerst verächtlich begegnet. Man wird sehen, wie sie ihn wieder ehrlich machen. Sie selbst und sogar der alte Bodmer fahren fleißig fort, auf mich zu lästern; und es scheint, daß mir das Lob, welches ich in der Bibliothek erhalten, viele Feinde gemacht habe. Aber es sey drum! ich setze keine Feder mehr an. Geht es doch Leßingen auch nicht besser! Es ist auf dem Parnaß dermalen Bellum omnium contra omnes. Ich mag mich nicht mehr in diese Händel mischen.

Die Narren zu verlachen,
Ist meine Pflicht,
Allein, sie klug zu machen,
Das kann ich nicht.

Nicht wahr? Das ist auch Ihre Art, zu denken? Ich wollte, daß ich mit Ihnen eine Bouteille Wein in Ihrem Garten trinken könnte, so möchten die Wielande schimpfen, so lang sie wollten. Was macht Ihr Römhild? Womit beschäftigen Sie sich? Dichten Sie nicht mehr? Laßen Sie mich wieder einmal was lesen. Schreiben Sie mir, ob Sie wohl sind, ob Sie vergnügt sind.

Sie werden doch mein Freund bleiben, ob ich gleich nicht immer hurtig schreibe? Doch das versteht sich ohnehin. Ich erwarte Ihre baldige Antwort mit Ungeduld und bin mit unveränderter Zärtlichkeit

Ihr

Anspach, den 14. Jun. 1758.

gehorsamster Diener
Uz.

Lieber Herr Vetter,

Ich muß noch vor Winters an Sie schreiben, ehe ich vollends eingefriere. Von Ihnen befürchte ich dieses nicht sehr. Sie haben guten Wein und ich sehe aus Ihrem Briefe, daß Sie sich ihn wohlschmecken laßen. Ihre Gesinnungen in Ansehung Ihres Zustandes sind meines Vetters würdig. Ich liebe Sie deswegen noch einmal so sehr. Sie denken als ein Weiser. Aber Sie haben mir Ihre Vergnügungen und insonderheit Ihren auf der Hartenburg zugebrachten angenehmen Nachmittag so reizend geschildert, daß ich Sie beneidet habe. Das Mädgen, das dabey gewesen, wird wohl mehr auf Sie gesehen, als an mich gedacht haben. O, ich kenne meinen Vetter! ich weis, wie er bey den Mädgen ist: er ist dreist im Fordern, und nicht gewohnt, sich etwas abschlagen zu laßen. Ich meines Orts bin ganz philosophisch und was ich dichte, ist Moral. Ehe Sie sichs vermuthen, werden Sie eine Probe davon lesen.

Die Meße hat fast gar keine gute Bücher mitgebracht. Drum kann ich keine empfehlen, womit Sie sich die verdrüßlichen Winter-Abende auf eine angenehme Weise verkürzen könnten. Ich dächte, Sie läsen den Bartolus. Wenn Sie damit fertig wären, könnten Sie den Covarruvias anfangen. Es wäre ein hübsch Stück Arbeit auf den ganzen Winter. Wenn Sie hierzu keine Lust haben, so weiß ich Ihnen nicht zu rathen. Haben Sie den „unsichtbaren Kundschafter“ gelesen, der aus dem Englischen übersetzt und vor ein Paar Jahren zu Altenburg in 4 kleinen Bänden herausgekommen ist? Wenn Sie ihn noch nicht gelesen haben, so laßen Sie sich ihn bringen. Es ist eines der besten Bücher dieser Art. Die Geschichten sind meist rührend; und in dem ganzen Buch herrscht eine angenehme Abwechselung. „Die Freundinnen“, eine rührende Geschichte aus dem Englischen habe ich vorige Woche mit Vergnügen gelesen. Das Buch hat Fehler und ist nicht zum Besten übersetzt. Aber es läßt sich bey allem dem gut lesen. „Die Begebenheiten des Herrn von Wild“ von Fielding sind im Leipziger Meß-Catalogus angekündiget worden; aber soviel ich weis, noch nicht ganz gedruckt.

Man kann sich was Gutes davon versprechen, Fielding schreibt niemals schlecht.

Dusch ist mit seinen Critiken nicht zum Besten angekommen. Nicht nur in der Bibliothek für die Liebhaber der schönen Wißenschaften ist er nachdrücklich, doch kurz abgefertiget worden; sondern auch in den Göttinger Zeitungen ist ihm nicht Recht gegeben worden. Wieland ist von allen Seiten her so heftig angepackt worden, daß er meinen Nahmen in der neuen Auflage seiner prosaischen Schriften an allen Orten, wo er mir eine Grobheit gesagt, weggelaßen hat. Er hätte es meinetwegen unterlaßen dürfen, denn ich mache mir nichts aus ihm.

Leßing hat wieder nichts geschrieben, und wird es auch so lange nicht thun, als ihm seine Schulden Ruhe laßen.

Genug davon! ich habe vergeßen, mich wegen meiner späten Antwort zu entschuldigen. Aber Sie haben es auch nicht beßer gemacht. Ich dachte gar, daß Sie todt wären, und wollte michs schon verdrießen laßen, daß mir, als einem Vetter, keine Notification geschehen.

Bleiben Sie mein Freund. Ich bin ewig

der Ihrige

Anspach, den 4. Dec. 1758. Uz.

Lieber Herr Vetter,

Ihr letztes Schreiben hat mich mehr vergnügt, als ich Ihnen sagen mag. Die Eingangs-Verse sind so schön, daß Sie stolz werden würden, wenn ich Ihnen schriebe, wie sehr sie einigen meiner Freunde gefallen, denen ich sie vorgelesen habe. Ich weis mir viel damit, einen solchen Dichter zum Vetter und Freund zu haben. Wenn Sie erst Ihr vortreffliches Herz kenneten, wie ich! Ich liebe Sie noch so sehr, als beym Anfang unserer Bekanntschaft. Ich nehme an Ihren Zufällen Antheil, und zwar so sehr, daß ich mich darüber betrübe, daß es Ihnen an Mädgen fehlt. Mein Gott! warum suchen Sie sich nicht eine aus, die würdig ist, Ihre beständige Gefährtin zu seyn? Glauben Sie mir, warten Sie nicht länger! Sollte in der ganzen Refier kein liebenswürdiges Mädgen seyn? Wenigstens wird keine seyn, die einem Grötzner ihr Herz versagen könnte.

Ich denke, wie Sie von den Kriegsliedern eines Grenadiers. Sie sind lauter Meisterstücke. Aber wissen Sie wohl, daß dieser Grenadier niemand anders ist, als Gleim? Wenigstens versichern mir dieses meine und seine Freunde in Leipzig. Er selbst hat es mir noch nicht gestanden. Vielleicht hat er seine Ursachen dazu. Er ist Ihr Freund. In seinem letzten Briefe schreibt er an mich: „Herrn Grötznern empfehlen Sie mich doch aufs beste. Da er Ihr Freund ist, so muß er ein braver Mann seyn.“ Das ist er auch, mein lieber Gleim!

Was wird die bevorstehende Ostermeße wieder für elendes Zeug liefern? Es kommen keine Meisterstücke zum Druck. Die guten Köpfe schlafen; der Geschmack ist verderbt und neigt sich immer mehr seinem gänzlichen Untergange. Ich werde traurig, wenn ich diesem Gedanken eine Zeitlang nachhänge.

Ich habe neulich die Geschichte der Fräulein Charlotte von Weißensee gelesen. Ich habe mit dem größten Vorurtheil wider dieses Buch zu lesen angefangen. Aber es hat mich vergnügt. Es ist ein deutsches Original und, wie gesagt wird, eine wahre Geschichte. Ich glaube es beynahe. Es ist mit so vieler Naivetee geschrieben, mit so vielen Kleinigkeiten angefüllt, daß die Erzehlung fast von niemanden, als der Person, die es angeht, herrühren kann. Und doch finden sich einige romanhafte Begebenheiten, die mich in meiner Meinung irre machen. Ich weis nicht, was ich aus dem Buche machen soll, das gar nicht nach den Regeln eines Romans geschrieben ist. Genug, es hat mir gefallen. Es finden sich darin sehr gute Charakter und sehr lebhafte Scenen.

Der nicht romanhafte Roman, wie der Titel eines andern deutschen Originals lautet, ist mir weit nicht so gut vorgekommen. Es enthält meist gemeine Begebenheiten und eine gemeine Schreibart. Doch kann es eine Stunde noch so ziemlich angenehm verkürzen. Die englische Waise aber, oder die Charlotte Summers ist eines von den guten Büchern dieser Art. Ich habe es erst neulich gelesen; aber Sie haben es vermuthlich schon längst gekannt.

Also ist dann nichts als Lesen und Lesen? Was sonst?

Auch mein angenehmster Zeitvertreib ist das Lesen. Aber meine Canzley-Arbeiten nehmen den Büchern viele Stunden weg und die Gesellschaft einiger Freunde, in die ich öfter gezogen werde, als mir manchmal lieb ist, nehmen die übrige Zeit weg. Ich beruhige mich durch die Weisheit. Ich ergetze mich, so viel ich kann. Thun Sie desgleichen und glauben Sie mir, daß Ihr Vergnügen mein eigenes ist. Zum neuen Jahr darf ich Ihnen nicht mehr Glück wünschen, denn es ist beynah verfloßen. Aber mir wünsche ich, daß Sie beständig mein Freund seyn mögen. Ich bin ewig

der Ihrige

Anspach,

den 17. Febr. 1759. Uz.

Liebster Herr Vetter,

Ein andermal werden Sie nicht so geschwind böse, wenn ich im Schreiben etwas faul bin! Es ist nicht möglich, daß ich Sie vergeßen kann: aber es ist möglich, daß ich faul oder zerstreut seyn kann. Ich liebe Sie von Herzen. Glauben Sie dieß, wenn ich es Ihnen auch nicht sage.

Sie haben mich in der That hintergangen mit der Art, wie Sie mir von Ihrer Braut geschrieben haben. Ich hielt es für Ernst, als ich anfing, zu lesen, und ich mußte laut lachen, als ich gegen das Ende kam. Aber ich wünschte zugleich, daß es wahr gewesen wäre, und ich wünsche es noch. Amen.

Herr Weise hat mir schon von Herrn Gerstenberg [48]) geschrieben und mir seine Tändeleien zugeschickt. Ich habe davon gegen ihn geurtheilet, wie ich gegen den Verfasser selbst urtheile, in der beyliegenden Antwort, welche Sie zu bestellen belieben werden. Ich habe sie nicht couvertirt, weil ich die Adresse nicht habe. Schreiben Sie mir mehrere Umstände von ihm. Ich glaube, er wird in reiferen Jahren Deutschland Ehre machen, wenn er sich nicht von dem herrschenden Geschmacke hinreißen läßet, denn er soll noch sehr jung seyn. Man hat mir geschrieben, daß er ein Trauerspiel unter der Feder hat. Gewiß ein starker Sprung von Tändeleyen auf Trauerspiele! Einige Critiken habe ich auf ein besonderes Blatt geschrieben, welches Sie nebst meinem Brief dem Herrn Verfaßer zuschicken können. Weil Sie es lesen können, so brauche ich Ihnen von dieser Kleinigkeit nichts weiter zu sagen.

Ihre Gesinnungen gegen ihren seeligen Herrn Vater machen Ihrem Herzen Ehre. Er verdient alles Ihr Lob. Er war ein rechtschaffener Mann. Ihre Grabschrift habe ich eben denen Freunden vorgelesen, denen ich Ihre letztern Verse gezeigt habe. Sie schätzen Sie sehr hoch. Ich will Ihnen ihre und meine Meynung aufrichtig schreiben. Sie haben gewünscht, daß die Inscription nicht so lang und weitläuftig, sondern mehr nach dem Muster der Alten eingerichtet seyn möchte. Sie würden eine andere Tour wählen, ungefähr auf diese Art: Dem liebsten Ehegatten, dem besten Vater widmen diese pp. Aber ich glaube wohl, daß diese große Simplicitaet, so schätzbar sie ist, sich für Römhild nicht zum Besten schickt. Sie werden wohl etwas weitläuftiger seyn müssen. Aber auch alsdann würden Sie beßer thun, wenn Sie ohne unnöthige Umschweife sagten: Hier liegt, ruht, Herr Joh. P. Grötzner pp. Die Auferstehung, die Asche machen eine unangenehme Zweydeutigkeit. Der Genitivus macht eine Verwirrung, denn worauf bezieht sich gebohren pp? Diese Worte erfordern vor sich einen Nominativum. Die darauf folgenden Gegensätze gefallen meinen Freunden am wenigsten. Ohne Heucheley, ohne Geiz. pp. Mich dünkt, wenn Sie bloß setzten: Er war ein ungeheuchelter Christ, ein gewissenhafter Richter, ein zärtlicher Vater und ein rechtschaffener Mann: so würden Sie eben so viel und noch mehr sagen. Die Beysätze sind in der That schon in den Beywörtern enthalten. Denn kann z. B. ein guter Christ zugleich ein Heuchler seyn?

„Das erste beweiset sein erbauliches Ende": Sie sagen zu wenig. Hat erst sein Tod, hat nicht sein ganzes Leben bewiesen, daß er ein Christ gewesen? Vielleicht würden Sie besser thun, wenn Sie diese ganze gekünstelte Tour änderten, und ungefähr sagten: Seine Freunde beklagen ihn und die Nachwelt wird ihn bedauern. Der

Gedanke in den Versen ist schön und wahr: aber ich ließe sie doch lieber weg. Müssen denn Reime auf einem Leichenstein stehen? Ich glaube nicht, daß es sehr gewöhnlich bey Leuten von Geschmack ist. Wenigstens ist „Menschenlieb" und „schlief," wo beydemal am Ende ein nöthiges E fehlt, sehr hart. Doch dieß alles sind nur Einfälle. Sie haben ein aufrichtiges und freyes Urtheil verlangt: ich weis, daß es Ihr Ernst gewesen: hier haben Sie es.

Sie werden mir eine Gefälligkeit erweisen, wenn Sie mir fernerhin die gelehrten Neuigkeiten, die Sie von Ihren Correspondenten erhalten, mittheilen. Ich weis nichts, als daß die in Berlin herauskommende kritische Wochenschrift: Briefe über die neueste Litteratur [49]) sehr schön und fast so schön, auch so beißend, als die Bibliothek ist, vielleicht auch von einerley Verfasser herrührt.

Empfehlen Sie mich Ihrer lieben Frau Mama und allen Ihren werthen Angehörigen. Empfehlen Sie mich Herrn Hommel und seinem Erbprinzen. Ich bin unverändert

Ihr

Anspach, getreuer
den 2. Apr. 1759. Uz.

Kleist hat mir seinen neuen kriegerischen Roman zugeschickt. Er ist ohne Reime und das Sylbenmaß ist sehr frey, doch kommen schöne Bilder und Empfindungen vor. [50])

Liebster Herr Vetter,

Seit drey Monathen wird in hiesiger Stadt eine ansehnliche Bücher-Auction gehalten. Ich muß derselben von Herrschafts wegen Tag für Tag beywohnen. Ich habe kaum Zeit, ein Buch zu lesen. Urtheilen Sie nun, ob Sie Ursache haben, über mein langes Stillschweigen böse zu seyn! Ich bin durch das viele Sitzen ganz hypochondrisch geworden. Diesen Winter über werde ich vollends ein Narr werden. Drum will ich noch vorher an Sie schreiben. Vielleicht bekommen Sie bald wieder Soldaten in Ihre Nachbarschaft. Alsdann möchten Sie nicht Zeit haben, meine Briefe zu lesen, noch mir zu antworten. Aber ich wünsche es nicht. Das arme Römhild wird genug ausgestanden haben, da so vielerley Völker daselbst gewesen. Möchte doch der Himmel diesem rasenden Kriege ein Ende machen! Gott muß sich ins Mittel schlagen, sonst wird es niemals Friede und ganz Deutschland wird eine Wüste. Die Musen werden endlich verscheucht werden. Man sieht wenig gutes aus den Preßen gekommen. Die prosaischen Gedichte des Herrn von Gerstenberg sind ganz artig. Sie zeugen von einem guten Genie. Aber es ist nicht gut, daß dieser junge Herr schon so gemächlich ist und seine Gedichte in Prosa schreibt. Ich mag von prosaischen Gedichten nichts hören. Sie sind eben, wie poetische Prosa, Ungeheuer und dem guten Geschmacke zuwider, den sie verderben. Zwey so sehr verschiedene Arten können nicht mit einander verbunden werden, ohne daß eine monströse Arbeit herauskomme. Sind Sie noch in Correspondenz mit ihm? Ich höre, daß er nach Altona abgegangen, um daselbst zu studieren. Herr Weise, der Verfaßer der Leipziger scherzhaften Lieder, giebt eine kleine Sammlung theatralischer Gedichte [51]) heraus, worunter ein Eduard ist, der ein vortrefliches Stück genennet werden kann. Er hat ihn mir zugeschickt. Ich glaube nicht, daß wir im Deutschen noch ein stärkeres Stück haben. Es hat einige Nachläßigkeiten der Sprache, die sich aber leicht ändern ließen. Die meisten Dichter vernachläßigen die Sprache; und doch wird niemals ein Dichter classisch werden, der es nicht auch in der Sprache ist.

Die Bibliothek für die Liebhaber der sch. Wiß. soll fortgesetzt werden. Auch die Briefe über die neueste Literatur haben ihren Fortgang. Aber ich habe seit langer Zeit nichts davon erhalten. Der verfluchte Krieg! Die Verfaßer haben sich in eine Streitigkeit mit Duschen verwickelt, die von beyden Seiten mit vieler Bitterkeit geführt wird. Aber Dusch ist einem Leßing und Nicolai nicht gewachsen. Was er in seinen Briefen [52]) an Freunde und Freundinnen zu seiner Vertheidigung sagt, ist wenigstens recht kahl und sehr grob. Doch stehen andere gute Sachen darinnen.

Das liebe Römhild, ich möchte es wohl wieder sehen, aber ich habe keine Hofnung hierzu. Doch intereßire ich mich für diesen Ort. Ich habe in der Auction etliche in die Hennebergische, Coburgische, Römhildische Geschichte laufende Schriften gekauft, insonderheit Herrn Wetzels gelehrtes Werkgen, das mir aber wenig Genügen thut. [53]) Die Beschreibung der Feuersbrunst hätte immer wegbleiben mögen. Ich erfreue mich, wenn ich von Ihnen höre, daß alle Ihre lieben Angehörigen sich wohl befinden. Empfehlen Sie mich dieser werthen Familie und lieben Sie noch ferner

Ihren

Anspach, den 17. Sept. 1759.

gehorsamen Uz.

Liebster Freund!

Bedenken Sie nur, was ich einige Zeit her zu thun gehabt habe! Zwey große Beschäftigungen haben meine Zeit hinweggenommen. Die erste und wichtigste ist die Ausgabe der Cronegkischen Gedichte. Diese Meße soll der erste Theil herauskommen, welcher die dramatischen Arbeiten meines Freundes enthält. Auf die künftige Michaelis-Meße soll der andere Band nachfolgen, und wenn ich freye Hand habe, die Sammlung beschließen. Sie können nicht glauben, welche verdrüßliche Mühe es mich gekostet, ehe ich diese Sache soweit bringen können. Des seeligen Cronegks Buchstaben sind mehr malabarisch, als deutsch. Man hat das meiste nur errathen müssen, und manches hat gar nicht entziffert werden können. Auf die Interpunction hat er gar nicht geachtet, das wenigste, was gedruckt wird, hat die letzte Hand erhalten: wird man ihm nicht vieles verzeihen können? Die Stücke, die in dem ersten Theile sind, sollen, wie ich hoffe, den Beyfall der Welt verdienen.

Die andere Arbeit geht mich selbst an. Ich habe ein Gedicht, woran ich schon etliche Jahre gearbeitet, zum Drucke fertig gemacht. Wie werden Sie sich wundern, wenn Sie einen Versuch über die Kunst, stets fröhlich zu seyn [54]), von Uz erblicken? Wie werden Sie lachen, wenn Sie mein ernsthaftes philosophisches und gar theologisches Gesicht erblicken werden? Mein Gedicht wird in Leipzig gedruckt. Sie sollen es durch mich haben, sobald ich es erhalte. Wenn ich eine Gelegenheit wüßte, so wollte ich Anstalt machen, daß es Ihnen gleich von Leipzig aus zur Meßzeit zugeschickt würde. Kommt nicht ein Buchhändler oder Kaufmann nach Leipzig, den Sie kennen? Er dürfte sich nur an den anspachischen Buchhändler Posch, der es verlegt, addressiren. Denn Sie werden doch sehr begierig seyn, mein Gemächte zu sehen! Ey freylich! Ich bin noch weit froher, daß ich es endlich aus den Händen legen kann. Was für eine verdrüßliche Arbeit! Das ewige Corrigiren! Es graut mir, wenn ich daran gedenke. Und was wird der Lohn meiner sauern Arbeit seyn? Vielleicht kömmt ein Dusch und sagt: der ganze Plunder taugt nichts. Aber à propos von Dusch! Ich hänge meinem Gedichte eine Beurtheilung seiner Beurtheilung des Sieges des Liebesgottes an.[55]) Ich begegne ihm gewiß weit höflicher, als er mir begegnet ist. Aber antworten habe ich ihm müssen, so unangenehm mir diese Arbeit gewesen. Man hat mich von allen Seiten darzu aufgemuntert Der Mann hält mich pro confesso et convicto; und schimpft immer drauf los. Das Maul kann ich ihm wohl nicht stopfen: denn wer kann einen Schmierer zum Stillschweigen bringen? Er wird schreiben, so lang er Finger hat, obgleich ihm seine unglaubliche Seichtigkeit schon so deutlich bewiesen worden. Er mag schreiben, bis er sich um allen seinen Ruhm schreibt. Genug von mir!

Aber Sie, mein lieber Vetter, fahren indeßen im Land herum, küssen und zechen, indeß ich mich zu Tod arbeite? O Sie thun wohl! Ich wollte, daß ich bey Ihnen seyn könnte! Sie sind ein kleiner Schmeichler, wenn Sie mir einbilden, als wenn Wunder viele Leute in Coburg und sogar artige Mädchen (ey daß dich!) sich um mich bekümmerten. Ich habe in Ihren Gegenden keinen Freund, als Sie; aber der ist mir auch recht lieb! Der gute Kleist ist leider! todt: er wird von allen Rechtschaffenen beklagt. Sie haben doch das Ehrengedächtniß[56]) gelesen, daß ihm Nicolai aufgerichtet hat? Es ist wohl geschrieben. Man veranstaltet eine neue Auflage seiner Gedichte, die sehr prächtig seyn wird. In Berlin hat man die schönste Gelegenheit. Gleim hat mir auf zwey Briefe nicht geantwortet. Ich weis nicht, ob er sich vielleicht mit seinem Kleist einscharren laßen: sie waren Herzensfreunde. Vielleicht hat er meine Briefe, oder ich seine Antworten nicht empfangen. Der verdammte Krieg, den ich alle Tage mehr verwünsche, stört auch den Briefwechsel der besten Freunde. Unter allen wunderlichen Abwechselungen Ihres Orts, über die ich zuweilen lache und zuweilen mich betrübe, werden Sie als ein Philosoph, und zwar ein Philosoph von meiner Secte, sich stets zu erfreuen wissen. Ich wünsche Ihnen, Ihrer lieben Frau Mama und allen Ihren werthen Angehörigen den Zustand eines dauerhaften Vergnügens, der die einzige wahre Glückseligkeit des Menschen ist. Ich bin allezeit

Ihr
zärtlicher Freund und Diener
Uz.

Anspach,
den 6. Mart. 1760.

Liebster Freund,

Wenn Sie mein Brief in den Armen Ihres Mädchens antrifft, so soll er so lange warten, bis Sie ausgeküsset haben. Ich bin sehr erfreut, daß Ihr Herz einen Gegenstand gefunden, der Ihrer würdig ist. Möchte

Sie doch alle Vollkommenheiten haben, die ein geliebtes Mädchen haben soll! Ich zweifle nicht daran. Sie sind ein gar zu guter Kenner, als daß Sie schlecht wählen könnten. Laßen Sie mich von Zeit zu Zeit wissen, was für einen Fortgang Ihre Liebe hat. Ich nehme allzuviel Antheil an Ihrem Vergnügen und an Ihrer Glückseligkeit, als daß mir diese Sache gleichgültig seyn sollte.

Sie werden nun meine Kunst [67]) schon lange haben. Dyck hat mir geschrieben, daß er Ihnen durch Mevius ein Exemplar auf Schreibpapier zugeschickt habe. Er wird hoffentlich nicht lügen. Es sollte mir leid seyn, wenn Sie es auf ordentlichem Druckpapier lesen müßten, welches gar zu schlecht ist. Die Eilfertigkeit hat gemacht, daß der Druck so schlecht ausgefallen. Aber wenn nur die Worte gut wären! Ich wünsche, daß Ihnen der Charakter meiner Muse so sehr gefallen möge, als mir der Charakter Ihres Mädchens gefällt. Da ich von vielen Orten her theils groben, theils hämischen Urtheilen entgegensehen muß, so würde es mir ein großer Trost seyn, wenn ich den Beyfall eines so guten Kenners des Schönen, wie mein lieber Vetter ist, erhalten hätte. Ich erwarte von Ihnen nicht nur bloß ein flüchtiges Compliment, sondern eine umständliche unpartheyische Beurtheilung. Ich erwarte, daß meine Freunde mich in den Stand setzen, meine Arbeit vollkommen zu machen. Sie sollen mir alles anzeigen, was Ihnen nicht gefällt, was Ihnen tadelswürdig scheint, was und wie es allenfalls zu verbeßern seyn möchte. Werden Sie es nicht thun? Laßen Sie mich auch wissen, ob Sie glauben, daß ich Duschen gründlich genug geantwortet habe. Ich schmeichle mir wenigstens, daß ich in der Bescheidenheit einen Vorzug vor ihm habe. Er wird mir gewiß nicht in gleichem Tone antworten. Er ist gewohnt, in seinen Streitigkeiten das letzte Wort zu behalten; und ich will es ihm gerne laßen. Ich schäme mich ohnehin, daß ich mich mit diesem Manne abgegeben habe. Ich habe 3 Stücke seiner Monathschrift, die er freymüthige Briefe nennt, gelesen, und bin erstaunt, daß ein Profeßor zugleich so seicht und so grob schreiben könne.

Ich bin bekümmert, daß Sie mir merken laßen, als wenn Sie Feinde hätten. Wer kann Ihnen feind seyn? Ich kenne Ihr gutes Herz, Sie können niemand beleidigen. Sie stehen niemanden im Wege. Sie brauchen keine Hülfe von Ihren Miteinwohnern. Nichts als der Neid kann Ihnen Feinde machen. Aber eine große Seele setzt sich über sie hinweg. Sie hat in sich selbst einen Freund, der beßer ist, als alle Maulfreunde.

Wie öde scheint mir Römhild zu werden. Fast alle, die ich daselbst gekannt habe, sind todt. Niemand, als mein lieber Grötzner, lebt, von so vielen, mit denen ich einen genauern Umgang gepflogen habe. Möchte er doch noch lange und glücklich leben! Aber als mein Freund! Das dinge ich mir aus. Weder Ehre, noch Geld, noch

Mädchen soll ihn von meiner Liebe reißen. Ich werde ewig seyn

Anspach, den 4. Jul. 1760.

der Ihrige
Uz.

Lieber Herr Vetter,

Ja, ja! ich bin Ihnen Dank schuldig, daß Sie mir einen Brief von Ihrer Frau Schwester verschafft und mir zugleich geschrieben haben! Ich danke Ihnen auch. Aber thun Sie mir nicht so groß auf diesen Dienst. Ich weis es ja. Das liebste ist mir doch immer, daß sie lebt. Sie hat mich auf eine angenehme Art durch ihren Brief überrascht. Sie schreibt noch immer sehr gut. Ich habe ihr geantwortet und Sie werden meine Antwort bestellen.

Die zwey Mädchen dauern mich sehr, die so unglücklich um ihr Leben gekommen. Es sind zwey artige Mädchen weniger in der Welt und es giebt ihrer so wenig. Aber was machen denn Sie mit Ihrer Liebe? Sie machen mich ungeduldig mit Ihren Verzögerungen. Hüten Sie sich, daß Sie nicht Ihr Mädchen auch ungeduldig machen! Das Bedenken und Probiren muß doch endlich einmal ein Ende haben. Ein Frauenzimmer-Herz muß nicht allzulang geprüfet werden. Dergleichen Prüfungen sind oft gefährlich. Wenn Sie mir nicht glauben, so glauben Sie dem Cervantes. Er hat in seinem Don Quixotte eine merkwürdige Erzehlung, die Sie nachlesen mögen. [58])

Den zweyten und letzten Theil der Cronegkischen Schriften werden Sie haben. Ich wünsche, daß er Ihren Beyfall erhalten möge.

Verse sind auf diese Meße genug gedruckt worden. Aber ich habe nichts gelesen, das nur mittelmäßig genannt werden könnte. Die zwischen Rabener und Gellert [59]) gewechselten Briefe gehören unter das beste Meßgut. Aber Gellert soll ihre Confiskation ausgewürkt haben. Ich wundere mich nicht; denn es sind einige freye Gedanken darinnen, die aber desto mehr gefallen. Die Schilderungen [60]) taugen nichts. Sie können dieß Urtheil in den Briefen über die neueste Litteratur umständlich bewiesen sehen.

Littletons Gespräche der Todten sind vortrefflich. Man hat 2 Uebersetzungen davon: aber ich halte die Hamburger für besser.

Haben Sie schon die „Julie" des Rousseau gelesen, wovon eine deutsche Uebersetzung herauskommt? Sie müssen es lesen: es ist ein merkwürdiges Buch. Es enthält vortreffliche Sachen, aber auch Dinge, die nur von einem Verfasser herkommen können, der zum Unterschiede von dem Poeten Rousseau le Fou genannt wird. [61]) Er schreibt einen Roman in 6 Bänden und in der Vorrede schreibt er, ein Mädchen, das ihn lese, sey eine Fille perdue.

Auf das Sulzerische Werk [62]) wird man wohl noch eine Zeit warten müssen. Diese Herren sind so geschwind nicht, als Gottsched. Nicolai hat auch dieß und jenes versprochen, aber nichts fertig gemacht. Er hat sich verheyrathet und ein junger Ehmann hat etwas besseres zu thun, als Bücher zu schreiben.

Hier fällt mir Ihr Mädchen wieder ein. Machen Sie fort! Ich bin gewiß, daß Sie nicht eher recht gesund werden. Sie klagen immer über Unpäßlichkeiten, und das ist mir gar nicht lieb. Sorgen Sie für Ihre Gesundheit, wenn Sie mich lieb haben. Bleiben Sie mein Freund, wie ich von Herzen bin

Anspach, den 21. May 1761. — der Ihrige Uz.

Lieber Herr Vetter,

Es ist mir herzlich lieb, daß Ihnen bey Ihrem schweren Amte der Wein noch schmeckt. Sie schmausen auf anderer Leute Kosten im Lande herum; und das ist eine ganz hübsche Sache. Vermuthlich werden Ihnen die Verse wieder fließen, denn es kann nicht fehlen, daß Ihnen auf dem Lande nicht dann und wann ein Mädchen aufstößt, das Sie gerne küssen möchten. Nun hat Ihnen

Ihre Muse allemal dazu dienen müssen, Ihnen Maulgen zu erschleichen, da ich, als ich noch Verse machte, so großmüthig war, und die Verse, die ich auf ein Mädchen träumte, jedermann, außer ihr nicht, zeigte. So uneigennützig ist freylich die Seele eines Financier nicht. Dieß sagte ich, mit Ihrer Erlaubniß, letzthin bey einer Dame, die sich sehr gütig nach ihrem alten Lehrmeister erkundigte. Sie errathen schon, daß es die Frau Hof-Marschallin von Altenstein ist. Sie und ihre zween Herren Brüder haben mir befohlen, Ihnen ihr Compliment zu vermelden. Der in Kayserl. Diensten als Lieutenant steht, ist dermalen auch hier. Er wird nach Oppach gehen, und ich habe ihm fest eingebunden, ja nach Römhild zu reisen und sich nach der Hartenburg und dem Gnomen [63]) zu erkundigen. Ich glaube, dieser ist mit der Commißion abgezogen. Haben Sie ihn seit meiner Abreise nicht gesehen?

Haben Sie den ersten Theil von Wielands Uebersetzung des Shakespear gelesen? Er muß Ihnen gefallen, wenn Sie den größten Unsinn neben dem größten Genie ertragen können. Die Uebersetzung ist beßer gerathen, als ich gehofft habe.

Ich habe ein komisches Heldengedicht gelesen, das Le Balay (der Besen) heißt. Es ist im Geschmack der Pucelle, aber gewiß nicht von Voltären. Es gleicht seinem Muster nicht an dem feinen Witze; aber wohl an der Irreligion und an Libertinage.

Der Colporteur von Chevrien ist auch ein tolles Ding. Alles wird durchgezogen und die schändlichsten Historien werden von den berühmtesten und vornehmsten Personen erzehlt. Für die Glaubwürdigkeit mag ich nicht stehen. Der Geschmack, der in den neuen französischen Schriften herrscht, ist sehr seltsam. Voltäre giebt den Ton an.

Nun werden Sie bald für Ihre drey Gulden die Karschin erhalten.[64]) Sie soll auf Ostern gedruckt erscheinen. Sie soll Ihr Geld erhalten, wie Sie mir's geschickt haben, und Ihr poetischer Segen wird machen, daß alles schlechte Geld, so Sie im Kasten haben, zu gutem Gelde werden wird.

Ich hätte Ihnen noch einen Pränumerations-Plan schicken können. Herr Zachariä will auch Geld gewinnen und seine Schriften auf Vorschuß eines alten Louisd'or in Taschen-Format drucken laßen. Hier in Anspach will kein Mensch pränumeriren. Wenn Sie Lust haben, so können Sie Ihr Geld in Coburg anbringen, wo auch Pränumeration angenommen wird.

Leben Sie in diesem neuangetretenen Jahr so glücklich, als ich wünsche! Empfehlen Sie mich allen Ihren werthen Angehörigen und lieben beständig

A. Ihren

d. 20. Jan. 1763. Uz.

Lieber Herr Vetter,

Ich hatte mir fest vorgenommen, nicht eher an Sie zu schreiben, bis ich die Karschischen Gedichte würde mitschicken können. Mit vieler Mühe und nicht ohne ziemliche Kosten kann ich es endlich thun, und doch ist das Bildniß der Dichterin nicht dabey, welches doch den Pränumeranten versprochen worden. So viel Mühe die Freunde dieser Frau sich gegeben, Pränunteranten zu erhalten, so wenig haben sie sich um diejenigen bekümmert, deren Geld sie in Händen haben. Der schelmische Verleger, dem zu Ersparung der Kosten war vergönnt worden, eine gewiße Anzahl von Exemplaren für sich nachzuschießen, hat den Pränumeranten die ihrigen vorbehalten, bis er seine verkauft hätte. Schicken Sie mir, wenn Sie wieder schreiben, den Pränumerations-Schein zurück. Die Gedichte sind in den Briefen über die neuste Litteratur am besten beurtheilt und ihr Werth mit Billigkeit bestimmt worden.

Das Trauergedicht, das Sie mir überschickt haben, ist schön und Sie können damit zufrieden seyn. Ich wünsche aber, mit Ihnen, daß es noch lang ungedruckt bleiben möge. [65]) Sollte die Zeile:

Der Nil, vom Meer zurückgedämmet,

geographisch richtig seyn? Mir ist nicht bekannt, daß ein Meer die Ueberschwemmung verursache. Bey den an sich schönen Zeilen:

Ernst Friederich ist uns mit Antonetten,
Was uns Franz und Sophia war,

ist mir das war anstößig, weil um die Zeit, da dieß Gedicht zum Vorschein kommen dürfte, Sophia vermuthlich noch ist. Beynahe dächte ich, es könnte mit einer kleinen Aenderung geholfen werden, wenn Sie setzten:

Was uns Franz mit Sophien war.

Mich dünkt, das war ginge alsdann mehr auf Franz.

Wie glücklich sind Sie, daß Sie als Steuer-Einnehmer noch Verse machen können! Mit mir ist es, glaube ich, aus. Ich habe in diesem Jahre noch keine Zeile gereimt.

Wenn Sie das kleine prosaische Gedicht: Wilhelmine, oder der verheyrathete Pedant noch nicht gelesen haben, so laßen Sie sichs auf mein Wort bringen. Es ist voll Witz. Der Verfaßer soll ein Cammer-Junker in Gotha seyn. Wenn dieß wahr seyn sollte, so muß das kein Cammer-Junker von derjenigen Art seyn, die er so artig verspottet. [66])

Klopstock arbeitet an der Ausgabe fünf neuer Gesänge seines Meßias. Er hat sich ziemliche Zeit in Deutschland aufgehalten und das Unglück gehabt, daß ihm sein Mädchen, das ganz göttliche Mädchen plötzlich ungetreu wurde, als sich einer von Adel meldete und sich erboth, sie zur gnädigen Frau zu machen. [67]) So sind die Mädchen mit einander. Nicht wahr?

Voltaire hat Contes de Guillaume Vadé herausgegeben. Man erkennt ihn, wenngleich der Nahme nicht auf dem Titel steht, an dem lebhaften Witz und an dem herrschenden Esprit d'irreligion, der alle seine letztern Schriften zu seiner Schande bezeichnet.

Empfehlen Sie mich Ihrer ehrwürdigen Frau Mutter, und lieben Sie mich ferner und schreiben Sie bald an Ihren getreuen

Anspach, den 30. Aug. 1764. Uz.

Lieber Herr Vetter,

Weil ich auf die Canzley gehen muß, so schreibe ich nur zwey Worte, um Ihnen das mir überschickte Trauergedicht zurückzusenden. Ich glaubte, daß Sie ein Concept zurückbehalten haben würden; sonst würde ich die erhaltene Abschrift gleich anfänglich mitgeschickt haben. Ich weis nichts dabey zu erinnern, und glaube, daß es Ihnen keine Schande macht. Der Todesfall Ihres ehrwürdigen Herrn muß dem Lande sehr schmerzlich fallen, da er ein wahrer Vater des Landes gewesen. Er wird mit Recht bedauert. — — —

Empfehlen Sie mich Ihrer werthen Familie und lieben Sie ferner

Anspach, den 25. Sept. 1764.

Ihren getreuen Uz.

Sie brauchen meinen Titel auf der Ueberschrift nicht so lange und sich unnöthige Mühe zu machen. Laßen Sie den Conseiller u. s. w. weg und setzen nur Assesseur au Siege Imp. du Burggraffiat de Nuremberg.

Lieber Herr Vetter,

Es ist mir lieb, daß Sie sich immer noch von Zeit zu Zeit lustig machen, sich Ihren Wein schmecken laßen, und, wenn er ausgehen will, neuen herbeyschaffen, mit den Mädchen tändeln, und — — endlich doch einmal hängen bleiben werden, wie ich wenigstens hoffe. Ich wünschte herzlich, ein Paar Tage in Ihrer Gesellschaft zu seyn. Aber alle Hofnung ist verlohren, da endlich einmal ein Gott das unruhige Römhild beruhiget hat. Doch bey meinen veränderten Umständen, würde ich nicht hinkommen können. Ich bin daher aufrichtig erfreut, daß Sie endlich Ruhe haben. Sie haben mir durch die Nachricht von den neuen Einrichtungen ein wahres Vergnügen gemacht.

Aber wie kommen Sie auf den Gedanken, von mir ein Gedicht auf eine Huldigung zu erwarten? Ich bin von jeher allen Arbeiten dieser Art gram gewesen, und habe, was ich oftmals in dieser Gattung schreiben müßen, allzeit mit dem äußersten Widerwillen verfertiget. Seit langer Zeit habe ich mich durchaus nicht mehr dazu gebrauchen laßen, ja, ich bin des Tones, der in solchen

Gedichten herrschen muß, völlig entwohnt. Ich sollte vielmehr sagen, daß ich überhaupt der Musen entwohnt bin. In vielen Wochen bringt meine Leyer kaum einige schwache Töne hervor. In kurzem wird sie gar verstummen. Ich will zufrieden seyn, wenn ich nur die neue Edition meiner Gedichte, worauf ernstlich gedrungen wird, veranstalten kann, so verdroßen bin ich zu dergleichen Arbeiten, die sonst meine Lust waren.

Haben Sie die neuen comischen Erzehlungen gelesen, welche diese Meße herausgekommen sind? Laßen Sie sich dieses Büchelchen gleich kommen, wenn Sie es noch nicht haben. Es sind Erzehlungen, die vielleicht nicht völlig so naif und fein, als Lafontainens und Rostens, aber doch sehr schön und ebenso wollüstig sind. Denken Sie nur, Herr Wieland, der fromme Mann, soll Verfaßer seyn. Er hat auch einen Feen-Roman: Sieg der Natur über die Schwärmerey geschrieben, worin die Erzählung vom Prinz Biribinker vollkommen crebillonisch ist. Die christliche Kirche singt wohl mit Recht: die künftig Zeit verändert viel. [68])

Ich habe vergeßen, mich wegen meines langen Stillschweigen zu entschuldigen. Doch es wird schon Gelegenheit geben, abzurechnen. Empfehlen Sie mich Ihrer ehrwürdigen Frau Mama, und übrigen Angehörigen und lieben Sie ferner

Ihren

Anspach, getreuen

den 17. Jul. 1765. Uz.

Lieber Herr Vetter,

Sie haben mir eine so reitzende Abschilderung von Ihrer Geliebten gemacht, daß ich mich in selbige ordentlich verliebt habe. Ich würde Sie um das seltene Glück, eine so vollkommene Gattinn gefunden zu haben, beneiden, wenn Sie nicht dieses Glückes so sehr würdig wären, und so sehr mein Freund wären. Ich begnüge mich daher, mit Opitz zu seufzen:

Dergleichen wünscht ich selber mir!

Leben Sie glücklich und viele Jahre glücklich mit einander! Ich wünsche es mit aufrichtigem Herzen. Ich wünsche auch Ihrer ehrwürdigen Frau Mama zu dem Vergnügen Glück, das ihr eine so lang gewünschte Verbindung nothwendig verursachen muß.

Vellem quidem te ac tuos amores
Ad coelum lepido vocare versu.

Aber die Zeiten der Dichtkunst sind bey mir vorüber. Sie, die so manches Mädchen besungen haben, werden selbst Ihr Glück weit reitzender besingen.

Es würde thöricht von mir seyn, wenn ich Sie dermalen mit einem langen Brief beschweren wollte. Ich weis, Sie können nichts denken, als Ihr Mädchen. Bleiben Sie unverändert mein Freund und leben Sie so glücklich, als es wünscht

Anspach, Ihr
d. 10. Oct. 1765. alter aufrichtiger Freund und Diener
Uz.

Meine schöne Freundin!

Ich nehme das Anerbiethen Ihrer Freundschaft mit der größten Dankbarkeit an. Es ist billig, daß die Freundin meines Grötzners auch meine Freundin sey. Ich preise ihn glücklich, daß er ein so vortreffliches Frauenzimmer zur Gattin erwählet und bin gewiß, daß die Abschilderung, die er von Ihnen, obgleich mit dem Pinsel der Liebe, gemacht, nicht weniger wahr ist. Er verdient Ihre ganze Liebe. Er ist ein rechtschaffener Mann, und, glauben Sie mir, ein rechtschaffener Mann verdient das beste Mädchen. Sie werden glücklich mit ihm seyn, ich bin es gewiß und wünsche es aufrichtig. Reden Sie manchmal mit ihm von mir, seinem alten Freunde. Erhalten Sie mir seine Freundschaft. Ich verdiene es ein wenig durch die ungeheuchelte Hochachtung, womit ich itzo schon bin und immer seyn werde

Anspach, Dero
d. 10. Oct. 1765. gehorsamster Diener
Uz.

Liebster Herr Vetter,

Ich bedauere Sie, daß Ihre Hochzeit-Freude durch den unvermutheten Tod Ihrer Frau Schwester auf eine so unangenehme Art gestöret worden. Ich nehme Antheil an Ihrer Betrübniß, wie an Ihrem Vergnügen. Das ist nun einmal das menschliche Leben, immer voller Abwechselungen. Ich wünsche, daß Ihr neuer Stand mit mehr angenehmen, als widrigen Begebnißen begleitet sey und daß Sie mit Ihrem lieben Weibgen so glücklich seyn mögen, als ein Mensch seyn kann.

Hierbey schicke ich den Brief des Herrn Thümmel Ihnen zurück. Ich habe die Zeugniße seiner fortdauernden Gewogenheit gegen mich mit Vergnügen gelesen. Ich schätze ihn seit langer Zeit unendlich hoch, und seine Wilhelmine ist in meinen Augen eines der witzigsten Producte. Ich weis schon lange, daß er Verfaßer ist. Es verdient eine neue Auflage und nochmalige Uebersehung. Ich habe es mit Aufmerksamkeit nochmals durchsehen und da haben Sie meine Anmerkungen. Ich würde auf den Titel bloß: Wilhelmine setzen und den vermählten Pedanten weglaßen. Warum wird der arme Pfarrer gleich anfänglich geschimpft? Ueberdieß scheint der doppelte Titel eine Duplicité d'action zu verkündigen. Am meisten scheint mir der erste Gesang einer Verbeßerung nöthig zu haben. Das comische Heldengedicht richtet sich nach den Regeln des heroischen, in ansehung der Einrichtung. Aber würde wohl ein Virgil oder ein Zachariä gleich im ersten Anfang einen Sprung von vier Jahren machen, wie in der Wilhelmine geschieht, wo von ihrer Abholung nach Hof bis zu ihrer Vermählung vier Jahre verfließen? So lang steht indeß die Geschichte still, welches unmöglich angeht. Ich wollte daher den Anfang des Gedichtes mit der 18. Seite und den Worten: In der zwölften Stunde der Nacht u. s. w. machen. Darauf könnten in einem Traum die übrigen vorhergegangenen Umstände nachgeholet, oder, wo es nicht angeht (denn die Marionetten wollte ich durchaus nicht vermissen), nachher sonst auf eine schickliche Art erzählet werden. Aber Doctor Luther müßte nicht erscheinen. Die Einführung dieser Person, die nicht einmal ihrem bekannten Charakter gemäß redet, ist durchgängig anstößig gewesen. Warum kann Amor nicht diese Stelle vertreten, da er ohnehin gleich darauf sich in diese Sache mischt und auch am Ende sich geschäftig erweist? Das übrige, was ich noch anmerken will, sind Kleinigkeiten. Der Anfang scheint mir das Sujet nicht vollständig, wenigstens nicht deutlich anzukündigen. Ich weis nicht, von welchem Abentheuer der Dichter redet, und ein Abentheuer erdulden möchte wohl nicht deutsch seyn. Der Dorfpfarr ist ein sächsisches Provinzial=Wort. S. 5. Ein Ort, wo hundert Wohnungen sind, kann der ein Landgut genannt werden? und sollte anstatt Taglöhner nicht Landmann stehen? S. 6. Ein Gespann wird von 2 Pferden und nicht von einem gesagt.

S. 8. Was für ein Decem kann der Pfarrer von den Händen eines Mädgens erhalten? Besteht er nicht in Feldfrüchten? S. 9. Ein Spürhund der Schönheit deutet einen Spürhund an, den die Schönheit hält, nicht, der sie ausspürt. S. 12. Er geboth, sie möchte pp.

vielmehr: sie sollte, und S. 15 pro endigen wird, vielmehr sollte.

S. 21. Erhebe dich u. s. w. gefällt mir nicht.

S. 28. Der rappenfärbigte Herr, der Schwarzrock zu niedrig.

S. 39. Kann man sich über das Zenith erheben, welches nichts anders, als der Punct über unserm Haupte ist? Man mag sich erheben, so hoch man will, so hat man immer noch ein Zenith. S. 40. Der schlafende Scheitel gefällt mir nicht. S. 41. Die geputzte Coquette, die früh ausgeht, will mir an diesem Orte nicht gefallen. Daß der Schlafrock des Hofmarschalls und der Wilhelmine Hochzeitkleid von einerley Stoff sind, sollte vielleicht hier noch nicht, sondern weiter unten gemeldet werden.

S. 46. Das Gleichniß von der Papstwahl scheint mir nicht paßend zu seyn. Die Cardinäle hungern nicht im Conclave und der Papst wird nicht durch ein entscheidendes habet gewählt.

S. 46. Warum die Schöne schrie und der Hofmarschall lachte, als ein Pflästerchen von ihrer Brust fiel, kann ich nicht errathen.

S. 53. Die Pille könnte meines Bedünkens wegbleiben.

S. 70. Der Hofmarschall wird hin und wieder der gestirnte Herr genannt. Aber man nennt den Himmel nicht gestirnt, wenn er nur einen Stern hat.

S. 71. Es thut, wie mir scheint, eine größere Wirkung, wenn gesagt wird: die Gänse, als die dummen Gänse.

S. 72. Der Charakter eines vernünftigen Mannes ist vortrefflich gezeichnet und eben deswegen verdrießt es mich, daß im ganzen Stücke seiner nicht mehr gedacht wird. Wenigstens sollte eine Ursache angegeben werden, warum er in dieser Gesellschaft erscheint.

S. 78. Der alte Politicus gefällt mir nicht.

S. 98. Daß Nickel List in der andern Welt sich befand, ehe er niesen konnte, ist ein Meister-Zug.

S. 100. Amors hohe Person will mir nicht gefallen.

Machen Sie von diesen Anmerkungen, welchen Gebrauch Sie wollen. Ich habe wenigstens gethan, was Sie von mir verlangt haben. Herr v. Thümmel wird weit feinere Anmerkungen selbst gemacht haben, und die meinigen sind vielleicht nicht einmal richtig. Genug, ich wünsche, daß dieß artige Stück alle Vollkommenheit erlange, deren es fähig ist, und daß es die Franzosen bald in ihrer Sprache lesen mögen. Es macht dem deutschen Witz Ehre. Empfehlen Sie mich diesem würdigen Cavalier und versichern ihn meiner beständigen Ehrerbiethung. Empfehlen Sie mich auch Ihrer liebenswürdigen Gattinn und ehrwürdigen Frau Mutter. Das neue Jahr müße ihnen insgesamt ein glückliches Jahr seyn! Lieben Sie aber auch ferner

Ihren

Anspach, alten Freund und Diener

den 28. Dec. 1765. Uz.

Lieber Herr Vetter,

Danken Sie dem Herrn von Thümmel aufs beste, als Sie können, vor seine reitzende Wilhelmine in meinem Nahmen. Ich habe sie mit tausend Vergnügen wieder gelesen. Ich glaube, daß sie durch die Verbeßrung viel gewonnen, stehe aber doch nicht dafür, daß nicht manche Leute den Doctor Luther vermißen werden. Es ist allemal eine große Herablaßung von dem geistreichen Hrn. Verfaßer, daß er Critiken so wohl vertragen kann.

Ein anderes solches Gedicht ist zu Jena herauskommen, welches auch ein deutsches Original seyn soll, ohnerachtet es, nach dem Titel zu urtheilen, aus dem Englischen übersetzt ist. Es heißt der Trappenschütze und soll eine Satire auf den Commercienrath Fischer, auch die vorgestellte Begebenheit wahr seyn. Die Sache hat zu Jena viel Bewegungen gemacht und es ist gar zur Klage gekommen. Dieß kleine Stück hat viel artiges und viel Laune. [69])

Von Neuigkeiten aus dem Reiche des Witzes kann ich Ihnen gar nichts melden. Die Begebenheiten der Miß Fanny Wilkes, so gut, als aus dem Englischen übersetzt[70]), werden Sie gelesen haben. Es verdient auch dieser Roman, seiner Fehler ohnerachtet, gelesen zu werden. Es ist unausstehlich, daß auf den letzten Blättern die Personen, welche durch das ganze Stück intereßiret hatten, am Ende wegen der nahen Verwandtschaft und nach einer förmlichen juristischen Consultation getrennt werden.

Wenn Sie den Cortes vom Hrn. Zachariä [71]) gelesen haben, so laßen Sie mich Ihr Urtheil davon wissen. Es sind nur 4 Bücher davon heraus und deren sollen 24 werden. Er hat viel Teufeley, nach der Klopstockischen Mythologie, mit eingemischt, welches in den Götting. gelehrten Anzeigen nicht gebilligt wird und von mir auch nicht.

Wegen des Todes Ihres Herrn Schwiegervaters condolire ich Ihnen. Ich entsinne mich von meinem ehemaligen Aufenthalt in Ihren Gegenden, daß er vor einen rechtschaffenen Mann gehalten worden, und ein solcher stirbt allemal zu früh.

Man sagt hier, daß Sie unsere Frau Marggräfin nun bald auf einige Zeit in Ihren alten Mauern beherbergen werden. Sie werden mit Freuden diese liebenswürdige Fürstin wieder sehen. Römhild wird ganz belebt werden. Vermuthlich werden Sie auch den großen Ferdinand sehen und alle seine großen Thaten wieder denken, wenn Sie ihn sehen.[27])

Ich beneide Sie wegen dieses Vergnügens, aber noch mehr wegen ihrer lieben Gattinn. Wenn Sie eine Tochter bekommen, wie ich vermuthe, so laßen Sie sich in Zeiten die Lieder für Kinder empfohlen seyn, die Herr Weise [73]) gemacht und Herr Scheibe in Musik gesetzt hat. Es wird Ihnen kein geringes Vergnügen seyn, wenn Ihr Töchterchen an der Seite ihrer Mutter statt der elenden: „Ihr Schönen, höret an u. s. w." ein witziges und unschuldiges Liedgen vorsinget. Empfehlen Sie mich dieser lieben

Gattinn und Ihrer ehrwürdigen Frau Mutter. Ich bin von ganzem Herzen

Ihr

Anspach, getreuer Freund
d. 1. Sept. 1766. Uz.

Lieber Herr Vetter,

Freylich ist es schon eine lange Zeit, daß ich nicht an Sie geschrieben. Aber es ist es ebenso lange, daß Sie nicht an mich geschrieben haben, und ich will nicht untersuchen, wer dem andern am ersten eine Antwort schuldig geblieben. Bin ich es, so wäre es hübsch gewesen, wenn Sie mich einmal erinnert hätten. Aber gestehen Sie es nur, Sie haben nicht an mich gedacht. Ich kenne euch schon, ihr Herren! Wenn ihr euch ein artiges Weibchen zugelegt, so vergeßt ihr in ihren Armen die ganze Welt und alle eure Freunde. Es ist nur allzugewiß, wie Herr Gleim gegen mich bemerket, daß beweibte Freunde nur halbe Freunde sind. Ich kann euch nicht tadlen. Es ist freylich angenehmer, ein artiges, geliebtes Weib zu küßen, mit ihr zu reden, zu scherzen u. s. w., als an einen abwesenden Freund zu denken, oder gar zu schreiben. Letzteres ist ein gar zu großes Geschäfte: man hat immer keine Zeit dazu, ist immer nicht aufgeräumt dazu, und thut lieber etwas angenehmeres. Nicht wahr, so ist es Ihnen ergangen?

Ich erfreue mich, daß Sie sich, als ein guter Patriot, die Bevölkerung der Welt so sehr angelegen seyn laßen, woran ich auch niemals gezweifelt habe. Es ist gut, daß noch solche wahre Menschenfreunde hier und da gefunden werden. Bey uns in Anspach kömmt das Heyrathen ganz ab, und die Politici geben allerhand Ursachen davon an. Ich will nicht untersuchen, ob Sie das Problem, warum diejenigen Dichter, die von Wein und Liebe singen, am wenigsten heyrathen, richtig aufgelöset haben. Mich dünkt, es ließe sich noch etwas dagegen sagen, und diese guten Leute könnten euch guten Leuten, die ihr in der Ehe lebt, schon noch antworten. Aber ich erfreue mich viel zu sehr über Ihr eheliches Glück, als daß ich mich hierüber einlaßen möchte. Danken Sie den Göttern! Nicht alle Ehemänner schreiben nach dreyen Jahren der Ehe noch so, wie Sie. Empfehlen Sie mich Ihrer würdigen Gattinn, und Ihrer verehrenswürdigen Frau Mutter. Meine etlich und siebenzig jährige Mutter empfiehlt sich derselben ebenfalls. Werden wir auch so alt werden? Wenigstens bin ich völlig gesund, und hoffe, von dem Podagra länger befreyt zu bleiben, als Sie, bey allem Ihrem Mosler.

Ich bin unverändert

Ihr

Anspach, treuer Freund und Diener

den 13. Sept. 1768. Uz.

Ich habe vor dem neuesten Theil der Bibliothek der schönen Wißenschaften ein artiges Porträt des Herrn v. Thümmel gefunden, das mir sehr lieb ist. Empfehlen Sie mich bey Gelegenheit diesem würdigen Herrn.

Lieber Herr Vetter,

Sie haben mich ganz erschreckt mit dem schwarzen Petschaft. Ich sah gleich nach dem Schluß des Briefes, ob ich den gewöhnlichen Gruß von Ihrer Frau Mutter fände. Ich fand ihn und freute mich, daß sie noch lebt. Hernach las ich erst den Brief von forn herein. Da erfuhr ich den Tod Ihrer Frau Schwiegermutter. Sie muß wohl auch eine gute Frau gewesen seyn, weil sie die Mutter einer so guten Tochter gewesen; und diese muß recht gut und liebenswürdig seyn, weil Sie sie so sehr lieben, und weil sie — mit Ihrer Erlaubniß — mich auch ein bisgen liebt. Ich wäre wohl lüstern, Sie und Ihre Familie zu sehn. Aber keine vergebliche Wünsche! Ich bin angebunden, wie ein Ochs an seinen Pflug. Das ist mein Schicksal! — — —

Hingegen erfreue ich mich, daß Sie den Herrn Geh. Rath v. Thümmel gesprochen und mich ihm empfohlen haben. Versäumen Sie keine Gelegenheit, ihn meiner unveränderten Hochachtung zu versichern. Entweder er oder niemand wird uns einen komischen Roman liefern, mit dem wir uns gegen die Ausländer groß machen können. Selbst Wieland scheint mir nicht so geschickt dazu, ohnerachtet sein Agathon ein vortreffliches Werk ist. Aber Herr v. Thümmel hat mehr Welt, einen leichtern feinern Witz, mehr komische Anlage. Lauter Dinge, die bei einem komischen Roman unentbehrlich sind, wenn er in der großen Welt und nicht bloß in den Studirstuben der Gelehrten sein Glück machen will. Wieland ist übrigens ein wunderbares Genie. Man wird nächstens wieder etwas von ihm zu lesen bekommen und Sie werden es bald erfahren: denn die Erfurter Zeitung wird gleich beyde Backen aufblasen, und es ausposaunen. Und doch zweifle ich, daß er als Profeßor zu Erfurt an seinem rechten Platz ist. Leßing ist auch so ein Irrgeist. Nun sagt man, daß er Bibliothekarius zu Wolfenbüttel werden soll: ein Amt, wozu er nach seiner ausgebreiteten Gelehrsamkeit tüchtig genug ist. Jüngst sagte man, er würde nach Wien berufen werden, wo der Kaiser eine Akademie der deutschen Sprache errichten wolle, deren Haupt Klopstock seyn solle. Ein süßer Traum, von dem ich noch nichts glaube. [74]) Es freut mich, daß auch meine späteren Gedichte noch Ihren Beyfall haben. Freylich wird mit den Jahren der Geist ernsthafter und will Nahrung haben und nicht bloß Zucker. Die Tändeleyen mit Amorn und den Grazien haben ihre Zeit und werden unschmackhaft, wenn sie überhäuft werden. Aber für mich sind die Musen nicht mehr. Ich ergetze mich bloß an den Liedern, die sie andern eingeben.

Ihrer 77jährigen Frau Mutter empfiehlt sich meine 78jährige auf's beste. Küssen Sie Ihr liebes Weibgen in meinem Nahmen: denn, wenn ich zugegen wäre, würde ich es gewiß thun, es möchte Sie verdrießen oder nicht.

Leben Sie glücklich und lieben ferner

Ihren

Anspach, treuen Freund nnd Diener

den 19. Dec. 1769. Uz.

Lieber Herr Vetter,

Ich verlange von Ihnen keine Entschuldigung Ihres langen Stillschweigens. Es wird schon einmal die Zeit kommen, da ich es wieder wett mache; und dann werden Sie von mir auch keine Entschuldigung verlangen. Vielleicht hätten Sie noch nicht an mich gedacht, wenn nicht die gnädige Frau von Altenstein nach Römhild gekommen wäre und Ihre Gegenwart Sie an Anspach erinnert hätte.

Sie bewundern und verehren Ihren vortrefflichen Charakter nicht mehr als ich: aber ich beklage, daß ich nicht davon profitiren kann. Sie lebt sehr eingezogen und ist zur Sommerszeit wenig in der Stadt. Daß sie nach Römhild kommen würde, habe ich nicht gewußt, und ist mir auch nichts gesagt worden. Es ist vermuthlich die Schuld der Bedienten. Sie haben also nicht Ursache gehabt, über mich zu zanken, da Sie selbst der Faule sind. Aber Sie wollen nun einmal mit mir zanken, wie ich auch aus Ihrem Briefe sehe. Sie reißen eine Ursache vom Zaune. Wer sagt Ihnen, daß ich mürrisch und sauertöpfisch bin? O mein guter Vetter! ich bin noch der alte Uz, noch eben so vergnügt und fröhlich, vielleicht so vergnügt, als Sie bey allem Ihrem Kindermachen, wenn ich gleich weder Kinder, noch Verse mache. Ich bin zufrieden; und bin ich gleich weder ein großer noch kleiner Zöllner, so bin ich auch kein Sünder. Zahlen sind ohnehin mein Tod. Inzwischen ist es recht löblich von Ihnen gehandelt, daß Sie so redlich an Erbauung der Welt arbeiten. Gott segnet Ihre Bemühung und ich freue mich darüber. Sie können alle Ihre Gemächte ernähren. Sagen Sie Ihrem Weibgen, daß ich sie recht lieb habe, daß ich ihr Gedult wünsche, da sie einen Satyr zum Manne hat. Sed haec hactenus. Itzt, wenn mein Brief nicht soll liegen bleiben, muß ich Sie nur noch mit wenigem bitten, beyliegenden Brief an die Frau Collaborator Altenfelderin zu bestellen, die wegen eines

Recepts an mich geschrieben hat. Sie werden darüber lachen, und um so mehr, da, wie Sie mir geschrieben, ihre älteste Tochter einen Doctor zum Manne hat. Es müßte denn seyn, daß dieser ein Doctor der Rechten und nicht der Linken wäre. Es wird Ihnen die Bestellung dieses Schreibens nicht bedenklich oder beschwerlich seyn, wenn Sie auch nicht gute Freunde seyn sollten, wie ich fast vermuthe, denn sie würde sonst nicht als eine neue Nachricht anführen, daß ich Hof-Rath geworden, noch mir dazu gratuliren. Römhild wird immer ein erzpolitischer Ort bleiben. Empfehlen Sie mich Ihrer lieben Frau Mutter und bleiben Sie ferner ein Freund

Ihres

Anspach, aufrichtigen Dieners

den 12. September 1770. Uz.

Mein lieber Herr Vetter,

— — Ich beneide Sie um das Vergnügen, das Sie in dem Umgange mit der Frau Ober-Marschallin von Altenstein genoßen haben. So sehr ich diese vortreffliche Dame verehre, so kann ich doch eines gleichen Glückes mich nicht rühmen. Das genirte Wesen der Städte hindert viel Vergnügen, ob ich gleich ebenfalls nicht ohne alle Schuld bin, da ich die Aufwartungen bey den Großen mehr fliehe, als suche.

Es ist seltsam, daß Sie mir Ihre Muse zuschicken wollen. Es ist ein artiges Mädchen, das weis ich: aber was soll ich mit ihr machen, da ich meine eigene Muse abgedanket habe? Akten und Processe sind so gut meine Arbeit, als die Ihrige. Die Lectüre ist das einzige, das ich mir nicht nehmen lasse. Uebrigens bin ich von dem Schauplatz völlig abgetreten und lasse mich nach Herzenslust kritisiren und tadlen, wie es jetzo Sitte ist. Sie sind der Scene näher, da Herr Wieland in Weimar ist. Er giebt einen deutschen Merkur heraus, den Sie vermuthlich lesen werden. Dieses große Genie ist einer von den wenigen deutschen Dichtern, der noch der schönen Natur getreu bleibt.

Küßen Sie Ihr liebes Weibgen und Ihre Kinder in meinem Namen, und behalten Sie mich immer lieb. Ich bin, wenn ich es Ihnen auch nicht sage, ewig

Ihr

Anspach, treuer Freund und Diener

den 19. Januar 1773. Uz.

Mein theuerster Herr Vetter,

So ist endlich Ihre liebe Mutter auch aus der Welt gegangen! Gewiß eine ehrwürdige Frau, deren Gedächtniß mir allzeit theuer seyn wird. Es ist ein unstreitiger

Verlust für ihre Kinder, ohnerachtet sie ihnen Gott so lange Zeit und über das gewöhnliche Ziel des menschlichen Alters gelaßen hat. Ihr gesundes Alter machte sie geschickt zu den Freuden und Pflichten des Lebens und sie wurde für ihre Rechtschaffenheit schon auf der Welt belohnt, da sie eine aufblühende Familie von wohlgezogenen Enkeln um sich erblickte. Freylich, je mehr sie ihre Liebe gegen dieselben bis an die letzten Tage wohlthätig äußern konnte, desto mehr müssen Sie selbige jetzt vermissen. Ihr Schmerz ist gerecht, aber Sie wissen selbst, daß der ein Ende nehmen muß. Ihre Familie braucht einen so zärtlichen Vater noch lange. Ich wünsche Ihnen vom Grund des Herzens Glück zu Ihren häuslichen Freuden. Sie haben eine Frau, die Sie lieben, und die Ihrer Liebe werth ist. Sie haben gesunde schöne Kinder, die sich solcher Eltern würdig machen. Was fehlt Ihnen zum wahren Glück, ob Sie gleich ewig Steuersekretär blieben? Wir alte Jung-Gesellen leben in der Welt ungeliebt und sterben unbeweint.

Vor einigen Tagen glaubte ich, Ihnen eben so einen Trauerbrief schreiben zu müssen, als ich von Ihnen erhalten. Meine alte Mutter lebt auch noch im 87. Jahre ihres Alters. Sie war immer gesund. Seit einem Jahr setzte sich am Fuß ein Beulen an, der endlich aufging. Es war eine Sackgeschwulst, die an sich allemal schwer zu heilen und für eine Person von so hohem Alter es noch mehr ist. Seit vier Monathen wird an ihr geschnitten, gepflastert, curirt, die Schmerzen sind nicht gering und die Kräfte nehmen immer mehr ab. Schon ein paarmal glaubte ich sie zu verlieren. Ob eine wirkliche Heilung bewirket wird, weis ich nicht: aber daß sie es in die Länge nicht ausstehen wird, kann ich wahrscheinlich vermuthen.

Das ist das menschliche Leben! Sie werden glauben, liebster Freund, daß ich bey diesen Umständen eben so wenig immer heiter seyn kann, als Sie. Erhalten Sie mir Ihre Freundschaft, die mir immer theuer seyn wird! Gott erhalte Sie und Ihre liebe Gattin, der ich mich freundvetterlich empfehle. Ich bin mit alter wahrer Zärtlichkeit

Mein theurer Herr Vetter

Ihr

Anspach, treuer Diener
den 2. Dec. 1778. Uz.

Mein theuerster Herr Vetter,

Freylich hat jemand, ich weis nicht wer, an die Verfaßer der allgemeinen deutschen Bibliothek [75]) geschrieben, daß ich die hiesige Feuer-Ordnung geschrieben. Hieraus ist es in Meusels gelehrtes Deutschland gekommen, der es im Anhang getreulich nachgeschrieben. Aber es ist eine

Unwahrheit. Eine solche Arbeit ist gar nicht meines Dienstes. Sie ist von dem verstorbenen Regierungs-Rath v. der Lith. Uebrigens ist sie, wie alle Feuer-Ordnungen, und wird wie alle Ordnungen gehalten. Ich habe kein Exemplar beygelegt; denn Sie verlangten es doch aus keiner andern Ursache, als weil sie dieselbe für ein Produkt eines Poeten hielten.

Da ich sehe, daß Herr v. Thümel wieder in Coburg ist, so empfehlen Sie mich diesem würdigen Herrn auf's Beste. Ob er denn gar nicht mehr in seinen besten Jahren an's Schreiben denkt! Die besten Köpfe schweigen und die Narren singen, daß einem die Ohren gellen. Was für Zeug hat nicht wieder die letzte Meße ausgeheckt! Was für Romane! so süß, daß unser einem ganz schlimm wird! Der Reitzenstein ist auch nicht beßer. Er hat noch das Besondere, daß man nach der Erzehlung glauben sollte, als erzehle er lauter wahre Geschichte und doch ist nicht ein Wort davon wahr. Inzwischen hat das Buch anfangs hier viel Aufsehens gemacht, sowohl wegen des Titels, als weil unser Herr wirklich Kriegsvölker nach Amerika giebt.

Zu Ihrer neuen Raths-Stelle wünsche ich Ihnen Glück. Obgleich Ihre wahre Würde dadurch nicht gewinnt, so ist es doch schmeichelhaft und wirklich aufmunternd, von einem gütigen Landesfürsten distinguirt zu werden.

In den Brief-Aufschriften an mich laßen Sie den

Rathstitel immer weg; ich bin unter diesem Nahmen hier nicht bekannt, sondern unter dem Namen des Kaiserlichen Landgerichts-Aßeßors. Die Räthe dieses Gerichts, welches die höchste Instanz in beyden Fürstenthümern ist, heißen, wie bey andern Kaiserlichen Gerichten, bloß Aßeßores. Aber weil sie zugleich das Burggräfliche Raths-Collegium constituiren, welches die Jura Burggraviatus gegen Nürnberg verfechten muß, so ist der Raths-Titel zuerst meines Wißens in die Musen-Almanache und hernach weiter gekommen, weil man ihn vermuthlich für edler hielt. Dieß würde nun nichts zu bedeuten haben. Aber es ist hier auch ein Hof-Rath Nutz und da giebt es mit den Briefen manche Verwechslung.

Und nun leben Sie mit allen Ihren Lieben wohl und lieben ferner

Ihren

Anspach, treuen Diener

den 22. Juny 1779. Uz.

Anspach, den 9. Febr. 1780.

Mein lieber Herr Vetter,

— — Ich erfreue mich, daß Ihr Herr Geh. Rath v. Thümmel durch eine liebenswürdige reiche Gemahlin glücklich wird: er verdient alles. Aber deswegen gebe ich meine Hofnung nicht auf, daß wir ihn noch als Schriftsteller wieder auftreten sehen werden. Es giebt auch in der besten Ehe leere Stunden, die ein Herr von solchen Geistesgaben nicht beßer, als durch Schreiben, auszufüllen wissen wird. — —

Mit der Frau Ober-Marschallin v. Altenstein und dem guten Lottchen, der nunmehrigen Gräfin, habe ich letzthin bey einem Freunde zu Abends gegessen.

Sie hat noch immer die alte Predilection für ihren Grötzner und daher wurde viel von Ihnen gesprochen. Sie droht unsere Stadt zu verlassen, wodurch wir viel verlieren würden. Sie liebt den neuen Geschmack eben so wenig, als ich. Am besten und klügsten thut man, wenn man das schaale Zeug gar nicht liest.

Das ist alles, was ich Ihnen dermalen zu schreiben weis. Nun noch meine besten Wünsche für Sie und Ihre liebe Familie. Gott erhalte Sie allesammt. Ich bin unverändert

Ihr

treuer Vetter

Uz.

Mein lieber Herr Vetter,

Freylich ist man nicht mehr so fertig zum Briefschreiben, wenn man älter wird, und älter werden wir doch Beyde. Doch ist es mir eine nicht geringe Freude, wenn ich von Zeit zu Zeit von Ihnen selbst höre, daß Sie noch leben und gesund sind und an mich denken. Ich vergeße meinen Grötzner nie. Hiebei überschicke ich das verlangte Gesangbuch. Es ist von dem zweiten etwas klärern Druck, weil von dem ersten Druck kein Exemplar mehr zu haben ist. Ich wünsche, daß Sie einigermaßen damit zufrieden seyn mögen. Es ist ein Gesangbuch, und man hat bey Verbeßerung dieser Art Bücher nicht freye Hände. Es kommt viel auf das Locale an und daher wird niemals ein Gesangbuch allgemeinen Beyfall erhalten. Das Berliner Gesangbuch hat gewiß auch seine Vorzüge und wir haben es bey unserer Arbeit wohl genutzt. Aber wir haben uns mehr gehütet, alles Anstößige zu vermeiden, weil außerdem die öffentliche Einführung eines neuen Gesangbuchs bey uns eben die Schwierigkeiten würde gefunden haben, als sie in Berlin gefunden hat. Es ist eine äußerst beschwerliche Arbeit von ein paar Jahren gewesen und ich möchte sie nicht noch einmal übernehmen, wenn ich gleich noch einmal, wie diesmal geschehen, von Serenissimo mit einer goldenen Medaille von 24 Dukaten an Werth beschenket würde.[76])

Ich höre mit Vergnügen alles rühmliche, das Sie mir von Herrn Geh. R. v. Thümmel schreiben: ich bin versichert, daß Ihr Lob nicht übertrieben ist. Ich gönne ihm daher das Glück, das er in dem Besitz einer liebenswürdigen Gemahlin hat und bitte, ihm bey Gelegenheit meine fortdauernde Ehrerbietung zu bezeugen.

Die Charaktere der Dichter und Prosaisten sind meines Wißens von Küttner zu Mietau [77]), der auch den Homer mit Beyfall übersetzt hat. Weil er uns alte Dichter zu viel gelobt hat, so ist der Belletristen-Almanach [78]) dagegen erschienen, der uns desto mehr erniedrigt.

Leben Sie immer glücklich mit Ihrer lieben Frau und Kindern. Ich empfehle mich Ihnen allen zur ferneren Freundschaft und bin unverändert

Ihr

Anspach, treuer Vetter

den 24. April 1782. Uz.

Hochzuverehrende Frau Base,

Gewiß eine höchst betrübte Nachricht! So ist auch mein Grötzner, mein alter Freund, todt, und muß ich auch denjenigen überleben, der den Jahren nach mich hätte überleben sollen? O es ist traurig, sich so nach und nach an allen Gliedern absterben sehen. Noch weit schmerzlicher ist freylich dieser Todesfall für Sie, verehrenswürdige Frau, und ich nehme herzlichen Antheil an Ihrem Verlust. Ich weis, wie sehr er Sie liebte, auch wie sehr Sie seine innigste Liebe verdienten. Ich weis es aus seinen Briefen. Aber eben diese edlen Eigenschaften, die Sie seiner zärtlichsten Liebe würdig machten, werden Ihnen auch in Ihrem eigenen Herzen Trost finden laßen. Gott unterstütze Sie dabey auf's kräftigste, damit Ihre Kinder noch recht lang einer verständigen und liebevollen Mutter sich erfreuen mögen. Ich bin mit hochachtungsvoller Ergebenheit

Meiner hochzuverehrenden
Frau Base

Anspach,
den 5. Sept. 1785.

gehorsamster Diener
Johann Peter Uz.

Anmerkungen.

1) Die Verwandtschaft zwischen Uz und Grötzner, welche in der Anrede und im Text eine große Rolle spielt, ist, wie sich aus verschiedenen Stellen dieser Briefe und aus der Epistel „an Herrn Hofadvokat G***" in den Werken ergiebt, eine heitere Fiction, hervorgegangen aus „der Herzen gleichgestimmten Trieben". Vgl. die Einleitung.

2) Uz' Werke I, 198 (Ausg. von 1768, Leipzig, Dyk'sche Buchh.).

3) Chaulieu, geb. 1639, gest. 1720, der bekannte französische Anakreontiker.

4) Dieser zweite Brief beginnt in dem uns vorliegenden Manuscript mit dem Gedicht: „Du, den Lyäus mir" u. s. w., welches sich in den Werken II, 294 gedruckt findet. An dieses Grötzner gewidmete Lied schließen sich die Anfangsworte des Briefs „Sie sehen, mein liebster Herr Vetter" bezugnehmend an. Obgleich die Handschrift manche von dem gedruckten Texte abweichende, nicht uninteressante Lesart darbietet, ist doch der Wiederabdruck des handschriftlichen Gedichts, um Raum zu ersparen, unterlassen worden.

5) Das Citat ist aus Hor. Od. IV, 8, 11, dasjenige des ersten Briefs aus Mart. Epigr. VII, 39. Beide Dichter standen unsern deutschen Anakreontikern nach der ganzen Lebensanschauung besonders nahe und dienten ihnen vielfach nach Form und Inhalt als Vorbild und Muster.

6) The adventures of Peregrine Pickle von Tob. Smollet, 1751 in London erschienen, eins der bedeutendsten Erzeugnisse der altenglischen Humoristik.

7) Lessing's Werke (Ausg. von Lachmann — Maltzahn) I, 36. Die „Kleinigkeiten" (Frankfurt und Leipzig [Stuttgart] 1751) bildeten die erste Sammlung der Lessing'schen Lieder. Von 1753 —56 erschienen „G. E. Lessing's Schriften" in 6 Duodezbänden in Berlin. „Eine Gesundheit auf die Gesundheiten" steht I, 28.

8) Ein Oßenberger ist mir unbekannt; ich vermuthe, daß Uz selbst den Namen des obscuren Scribenten verwechselt und die „Oden und Lieder. Von Heinrich August Ossenfelder. Dresden und Leipzig 1753" gemeint hat. Auch nennt er in einem spätern Briefe wirklich diesen Namen. Der Consbruch, den gekauft zu haben er bedauert, ist wol F. A. Consbruch aus Bielefeld, von dem 1752 „Scherze und Lieder" erschienen waren.

9) Gilblas de Santillane 1715 von Lesage, geb. 1668, gest. 1747. Le roman comique von Scarron, geb. 1610, gest. 1660. Beide berühmte Romane, theilweise an spanische Muster sich anlehnend, sind der echte Ausdruck der ältern französischen komischen und burlesken Erzählung.

10) Sam. Gotthold Lange, Pastor in Laublingen, geb. 1711, gest. 1781, dessen Horazübersetzung (Oden, Epoden, de arte poetica) 1752 erschien. Gegen Lessing's erste Recension seines Buchs vertheidigte sich Lange in einem „Schreiben an den Verfasser der gelehrten Artikel in dem Hamb. Corresp." u. s. w. Darauf folgte das Vademecum 1754.

11) Christ. Ludw. Liscow, geb. 1701, gest. 1760, ein vortrefflicher Satiriker und ausgezeichneter Stilist. Die Bemerkung von Uz bezieht sich auf die „Sammlung Satyrischer und Ernsthafter Schriften", 1739, in welcher Liscow mehrfach elende Scribenten züchtigt.

12) Werke I, 70.

13) Fabeln und Erzählungen von P... Coburg (1754). (Verf. Karl Maxim. Wilh. Petermann in Baireuth). Nach Goedeke.

14) Johann Caspar Wetzel, geb. 1691, gest. 1755, Diakonus in Römhild, bekannt als Literarhistoriker durch seine verdienstliche Hymnopöographia, Herrnstadt 1719—28. Das später (S. 97) von Uz citirte Werk Wetzel's ist die: „Kurzgefaßte Kirch- und Schul- wie auch Brand-Historie der Stadt Römhild" (Römh. 1735).

Wetzel war ein heftiger Mann und der Familie Grötzner so verfeindet, daß er die hier erwähnte Proceßsache auf der Kanzel wirklich mit den Worten erwähnt haben soll: „Zeter, Zeter, Zeter über die drei Peter!" (Nämlich Joh. Peter Grötzner, Vater und Sohn, und Joh. Peter Güttich, des erstern Schwiegervater).

15) Edmund Waller, 1605—87, einer der bekanntesten englischen Liederdichter, über den Hagedorn an der von Uz angeführten Stelle folgendes Urtheil Addison's beibringt:

While tender airs and lovely dames inspire
Soft melting thoughts and propagate desire:
So long shall *Waller's* strains our passion move
And Saccharissa's beauties kindle love.

Hagedorn III Bd., IX.

16) Uz meint: „Kurze und lange Lieder, jedes in seiner eigenen Melodie" (Dresd. 1754), der anakreontischen Richtung angehörig; ob sie von Offenfelder sind, ist mir nicht bekannt.

17) Altenfelder ist keine literarische Größe, sondern nur ein persönlicher Freund von Uz, Geistlicher in Römhild 1738—55.

18) Joh. Franz von Palthen in Wismar, Verfasser der Anakreontischen Versuche 1750—51, Versuche zum Vergnügen, 1758—59 rc.

19) Erbprinz Christian Friedrich Karl Alexander, geb. 1736, vermählte sich 1754 mit der Prinzessin Friederike Karoline von Koburg, Tochter des Herzogs Josias. Er succedirte 1757 in Anspach, 1769 in Baireuth und übergab 1791 seine Länder dem Kurhause Brandenburg. Es ist der in der Einleitung erwähnte und zugleich derjenige, welchen Friedr. Kapp in „ „Der Soldatenhandel deutscher Fürsten nach Amerika, Berlin 1864", als an jenen schmachvollen Vorgängen mitbetheiligt, brandmarkt.

20) „Zum Vergnügen", o. O. 1754. Die „Possen" sind wohl das von Lessing in der Berl. priv. Zeitung am 17. Sept. 1754 angezeigte Buch (Lessing's Werke IV, 517).

21) Gemeint ist offenbar des fanatischen Gottschedianers Schönaich Satire gegen die neuere Schule, die sich an Haller, die Schweizer und Klopstock anlehnte: „Die ganze Aesthetik in einer Nuß oder Neologisches Wörterbuch" u. s. w., 1754.

22) Sam. Richardson, der Erfinder des moralischen Romans, in welcher Gattung ihm in Deutschland vorzüglich Hermes (So-

phiens Reise) folgte, schrieb zuerst „Pamela" 1740, dann „Clarissa" 1748, endlich „Grandison" 1753.

23) „Ragout à la mode, oder des Neologischen Wörterbuchs erste Zugabe von mir selbst", nach Jördens erst 1755 erschienen; nach dem Datum des vorliegenden Briefs ist die Schrift wahrscheinlich schon 1754 erschienen, aber mit 1755 bezeichnet gewesen.

24) Nämlich im ersten Brief der eben erschienenen Gedichte.

25) Ein politischer Scherz. Der 1754 dem Herzog Anton Ulrich von Sachsen-Meiningen geborene Prinz Karl vereitelte die Erbschaftshoffnungen der Agnaten.

26) Georg Ludwig von Bar, 1702—67, im Osnabrückischen. „Er hatte den zweideutigen Ruhm zu seiner Zeit alle Deutschen in der französischen Dichtkunst zu übertreffen." Goedeke.

27) Werke I, 41.

28) Werke I, 68.

29) Dieser Brief enthält Uz' ästhetische Ansichten und ist gegen die Nachahmung der Engländer und den Klopstockianismus gerichtet.

30) Hor. Od. I, 24, 11. Die Stelle S. 51 aus Hor. Epist. I, 6, 68.

31) Im Jahre 1755 erschien in Breslau: „Die ganze Aesthetik in einer Nuß in ein Nüßchen gebracht oder Nachlese der Neologie". Hierin ist enthalten I, „Die Nuß oder Gnissel (Anagr. von Lessing), ein Heldengedicht mit des Verfassers eigenen Lesearten von ihm selber vermehrt. Siebente Auflage, dem großen Rellah (Haller) zugeeignet". Die von Lessing verfaßte Recension des Neologischen Wörterbuchs hatte in der Berlin. priv. Zeitung vom 15. Aug. 1754 gestanden (Lessing's Werke IV, 514). Die gegen Zachariä gerichtete Satire heißt: „Der Sieg des Mischmasches, ein episches Gedicht, von dem Verfasser des Gnissels" (Troßberg 1755). Der Verfasser der Bodmerias (o. O. u. J. 1755) ist nach Gödeke nicht Schönaich, sondern Christ. Karl Reichel aus Dresden, der auch an dem Neologischen Wörterbuch mitgeholfen.

32) Das Märchen vom ersten April, aus dem Holländischen in das Hochdeutsche übersetzt (Leipzig 1755).

33) James Thomson, geb. 1700, gest. 1748, der Meister beschreibender Poesie, Autor der Seasons, welche Zachariä in seinen „Tageszeiten" (Rostock 1754) nachahmte.

34) Der Jude ist Moses Mendelssohn: „Ueber die Empfindungen“ (Berlin 1755) war seine erste Schrift; sowie auch die später erwähnten (Philosophischen) „Gespräche“ von ihm herrühren.

35) Die Schrift ist von Wieland selbst, dem damals begeisterten Anhänger Bodmer's und Klopstock's: „Ankündigung einer Dunciade für die Deutschen nebst dem verbesserten Hermann“ (Frankfurt und Leipzig 1755). Den Namen Dunciade entlehnte er von der gleichnamigen Satire Pope's gegen seine literarischen Gegner (dunce = Dummkopf).

36) Es folgt hier im Manuscript des Briefs das Gedicht „Amor“ (Werke I, 237).

37) Henry Fielding, geb. 1707, gest. 1754, der Verfasser von „The History of Tom Jones“, welcher berühmte humoristische Roman wenige Jahre vorher erschienen war (1750). Auch seine „History of Jonathan Wild“ wird später erwähnt.

38) „Sympathien“ (Zürich 1758). „Empfindungen eines Christen“ (Zürich 1755. 2. Auflage 1758).

39) Uz meint den Brief „An Herrn Canonicus Gleim“, Anspach 1757, Werke II, 255, eine treffliche Apologie gegen die Wieland'schen Angriffe.

40) Nach Goedeke erschienen die „Moralischen Erzählungen“ (von Joh. Gebh. Pfeil) schon 1754, die „Geschichte des Grafen von P.“ von demselben Verfasser 1755. Nach unserer Briefstelle scheint das letztere Uz eher bekannt geworden zu sein, als die früher erschienenen „Moralischen Erzählungen“. Der gleich nachher erwähnte französische Schriftsteller Baumelle ist Laurent de la Beaumelle (1727—73), ein Hauptgegner Voltaire's, gegen den er verschiedene Pamphlete schrieb.

41) „Bibliothek der schönen Wissenschaften und der freyen Künste“. Leipzig, seit 1757, von Nicolai und Mendelssohn. „Die Welt“, eine Wochenschrift von Adam Fitzadam, deutsch von Bode (Altenburg 1779). Die Zeitschrift „Die Frau“ ist mir unbekannt.

42) In der Sylvesternacht 1757 auf 58 (nicht 1758 auf 59, wie Jördens und Goedeke angeben) starb Joh. Friedr. Freiherr von Cronegk in jugendlichem Alter. Er war Gellert's Schüler und Uz' Freund, ein hoffnungsvoller Dramatiker. Uz' Trauergedicht auf

ihn steht Werke I, 189. Auch besorgte Uz die Herausgabe der Cronegk'schen Werke 1760.

43) Hor. Od. III, 6, 47.

44) Joh. Andreas Cramer, Mitarbeiter an den „Bremer Beiträgen", gest. 1788. Die hymnologischen Urtheile Uz' sind von einer für seine Zeit überraschenden Richtigkeit.

45) Joachim Wilh. von Brawe, 1738—58.

46) Christ. Felix Weiße, Scherzhafte Lieder (Leipzig, 1758).

47) Joh. Jakob Dusch, 1725—87, um Bodmer's Gunst werbend, griff Uz in den „Vermischten kritischen und satyrischen Schriften" (Altona 1758) an. Die im folgenden Briefe erwähnten Bartolus und Covarruvias sind ein paar alte juristische Tröster, hier zum Scherz empfohlen. Bartolus aus Sassoferrato, 1309—55, schrieb u. a. „Super codice" und hieß iuris laterna et caecorum dux; Covarruvias, Präsident des Raths von Castilien, 1512—77, hieß wegen seiner juristischen Gelehrsamkeit Bartolus Hispanicus. „Der unsichtbare Kundschafter" (Jena 1756). „Die Freundinnen, eine rührende Geschichte" (Danzig 1756). „Die englische Waise oder Geschichte Charlotte Sommers", o. J. Gotha.

48) Heinr. Wilh. von Gerstenberg, geb. 1737 zu Tondern gest. 1823. „Tändeleien" (Leipzig 1759), von Weiße herausgegeben. Wie Grötzner zu der Correspondenz mit ihm kommt, weiß ich nicht zu sagen. In demselben Jahre erschienen auch seine „Prosaischen Gedichte", welche Uz weiter unten erwähnt.

49) „Briefe, die neueste Literatur betreffend" (Berlin seit 1759). „Bibliothek der schönen Wissenschaften" u. s. w. (Leipzig seit 1757). Letztere von Nicolai und Mendelssohn, erstere von diesen und Lessing herausgegeben.

50) Von Christ. Ewald von Kleist, dem Dichter des „Frühlings", erschien 1759 in Berlin „Cissides und Paches". Kleist selbst lehnt für sein Gedicht den Titel eines Heldengedichts ab und bezeichnet es als einen „kleinen kriegerischen Roman".

51) „Beytrag zum deutschen Theater" (Leipzig, seit 1759). Das erste Stück der aus Trauerspielen und Lustspielen gemischten Reihe ist „Eduard III.".

52) „Briefe an Freunde und Freundinnen über verschiedene kritische, freundschaftliche und andere vermischte Materien“ (Altona 1759).

53) S. Anmerk. 14.

54) Werke II, 1 fg. (Vier Briefe in Alexandrinern.) Ursprünglich einzeln erschienen, Leipzig 1760.

55) Werke II, 219 fg. Auch vorher einzeln erschienen.

56) „Ehrengedächtniß Herrn Ewald Christian von Kleist“ (von Fr. Nicolai), Berlin 1760. Enthält Biographie mit Briefen des bei Kunersdorf verwundeten und an seinen Wunden am 24. Aug. 1759 in Frankfurt a. O. gestorbenen Dichters.

57) Nämlich die obenerwähnte „Kunst stets fröhlich zu seyn“; Dyk ist der Buchhändler.

58) Die Geschichte des Fürwitzigen (Anselmus und Camilla).

59) Gemeint sind die „Sechs Briefe von C. F. Gellert und G. W. Rabener“, die ohne beider Vorwissen ohne Angabe des Druckorts erschienen.

60) „Schilderungen aus dem Reiche der Natur und der Sittenlehre durch alle Monate des Jahrs.“ (4 Bde., Hamburg und Leipzig 1757—60). Die Recension in den Briefen die neueste Literatur betreffend war von Lessing. Lessing's Werke VI, 92 fg.

61) Der poetische Namensvetter von J. J. Rousseau ist Jean Baptiste Rousseau, 1671—1741. Der von Uz nach der Hauptheldin Julie genannte Roman ist natürlich: „La nouvelle Héloise“, 1760.

62) Im Jahre 1760 schon hatte Sulzer in den Briefen die neueste Literatur betreffend sein Werk angekündigt, aber, wie Uz richtig voraussah, erschien der erste Band erst viel später, nämlich elf Jahre nachher; „Allgemeine Theorie der schönen Künste, nach alphabetischer Ordnung“ (Leipzig 1771).

63) Bezieht sich auf Uz' Werke II, 254, wo dem Dichter auf der Hartenburg, einem Berge bei Römhild, der besagte Gnome erscheint.

64) Gleim hatte eine Auswahl aus den Gedichten der „Deutschen Sappho“ veranstaltet und zur Pränumeration aufgefordert; wahrscheinlich hatte auch Uz sich der Sammlung von Subscribenten unterzogen. „Auserlesene Gedichte“ (Berlin 1764).

65) Nach den von Uz gegebenen Andeutungen bezog sich Grötzner's Gedicht offenbar auf den Tod des Herzogs Josias von Koburg (vermählt mit Sophie von Rudolstadt) und die Succession des Erbprinzen Ernst Friedrich (vermählt mit Antonie von Braunschweig). Da dieses Ereigniß erst am 16. Sept. 1764 eintrat, so hat der vorsichtige Grötzner, wie auch Uz andeutet, sein Gedicht im Voraus fertig gemacht.

66) Moriz August von Thümmel, der Verfasser der Wilhelmine und der Reise in die mittäglichen Provinzen von Frankreich, lebte seit 1761 im Dienste des Erbprinzen Ernst Friedrich in Koburg. Zwischen Thümmel und Uz hat Grötzner die Vermittlung gebildet. Durch ihn wurde die erste Ausgabe der Wilhelmine an Uz gesandt und dessen Urtheil verlangt. Uz entsprach diesem Verlangen, und auf seinen Rath wurde die Aenderung getroffen, daß in der neuen Auflage dem Magister Sebaldus statt des Doctor Luther Amor im Traume erschien. So Schlichtegroll, Nekrol. 1796. 1, 91, welche Angabe durch die Briefe vom 28. Dec. 1765 und 1. Sept. 1766 ihre volle Bestätigung erhält. Dieser ganze Verkehr ist wahrscheinlich durch die im Brief vom 30. Aug. 1764 enthaltene sehr lobende Erwähnung der Wilhelmine angebahnt worden.

67) Diese boshafte Bemerkung, von der ich nicht weiß, ob sie gegründet, bezieht sich auf Klopstock's Verhältniß zu „Done", vgl. „Klopstock und seine Freunde" von Klamer Schmidt (Halberst. 1810), Brief XCIV und fg. Sie war aus einer angesehenen Familie in Halberstadt und „Klopstock's Wunsch, an ihr nach Meta's Tod eine neue Lebensgefährtin zu haben, ging durch ungünstiges Zusammentreffen der Umstände nicht in Erfüllung". So Klamer Schmidt a. a. O. Band II, 377. Nachträglich will ich noch bemerken, daß die in der Nachschrift des ersten Briefs erwähnte Satire von dem Gottschedianer Dan. Wilh. Triller (1695—1782) herstammt und gegen Klopstock gerichtet war: „Der Wurmsamen, ein Heldengedicht, erster Gesang, welchem bald noch 29 andere folgen sollen. Nach der allerneusten, malerischen, schöpferischen, heroischen und männlichen Dichtkunst, ohne Regeln regelmäßig eingerichtet" (Frankf. u. Leipz. 1751). Dazu später Fortsetzungen.

68) Lafontaine, 1621—95, Verfasser der berühmten Fabeln und Contes. Rost, Joh. Christ., 1717—65, erst Anhänger, dann heftiger Gegner Gottsched's: „Schäfererzählungen" (Berlin 1742). Wieland, „Der Sieg der Natur über die Schwärmerey" (Ulm 1764). Dessen „Komische Erzählungen", o. J. (1766).

69) „Der Trappenschütze, ein komisches Heldengedicht in drei Gesängen" von Humphry Polesworth Esq. (Fr. Justus Riedel, 1742—85), Halle 1765.

70) Das erste Werk von Joh. Tim. Hermes, dem deutschen Richardson: „Geschichte der Miß Fanny Wilkes, so gut als aus dem Englischen übersetzt", Leipzig 1766.

71) „Cortes. Von Friedr. Wilhelm Zachariä" (Braunschweig 1766). Dieses ernste Epos des Verfassers des „Renommisten" u. s. w. kam nicht über den ersten Band (vier Gesänge) hinaus.

72) Die „Marggräfin", wie Uz schreibt, ist die Anmerk. 19. genannte Prinzeß Friederike Karoline von Koburg; der „große Ferdinand" ist der Prinz Ferdinand von Braunschweig (1721—92), Bruder der damaligen Herzogin von Koburg, der tüchtige General Friedrich's des Großen im siebenjährigen Krieg.

73) Chr. F. Weiße, „Lieder für Kinder", Leipzig 1766.

74) Klopstock hatte seine Hoffnung auf den Kaiser Joseph gesetzt und gab seiner Zuversicht auf Verwirklichung dessen, was Uz in richtiger Voraussicht einen süßen Traum nannte, in der Widmung der Hermanns-Schlacht an Joseph (1769) Ausdruck.

75) „Allgemeine deutsche Bibliothek." Berlin, seit 1765. Von Nicolai herausgegeben. Das einige Zeilen weiter unten erwähnte Buch ist: Reizenstein, „Die Geschichte eines deutschen Offiziers" (Leipzig 1778—79).

76) Uz meint das „Neue Anspachische Gesangbuch, auf Landesfürstl. Befehl herausgegeben" (Anspach 1781), an dessen Zusammenstellung und Bearbeitung er wesentlich betheiligt war.

77) Karl August Küttner, geb. 1748 in Görlitz, Professor in Mietau: „Homer's Iliade" (Leipzig 1771—73). „Charaktere deutscher Dichter und Prosaisten. Von Kaiser Karl dem Großen bis auf das Jahr 1780" (Berlin 1781). Dieses literarhistorische

Werk hat großes Ansehen genossen und ist besonders für Jördens eine Auktorität.

78) „Almanach der Belletristen und Belletristinnen fürs Jahr 1782" (Ulietea [Berlin], 1781). Von Joachim Christoph Friedrich Schulz aus Magdeburg (1762—98).

Druck von F. A. Brockhaus in Leipzig.